LA REPUBLIQUE

ET

LA MONARCHIE

LA
RÉPUBLIQUE

ET

LA MONARCHIE

Par X.

LILLE

IMPRIMERIE ET LIBRAIRIE CAMILLE ROBBE
Rue Notre-Dame, 209.

—

1873

1874

AVERTISSEMENT DE L'AUTEUR

I. — Pénétré de cette conviction que tout Français a, non-seulement le droit, mais encore le devoir, de dire ce qu'il pense à propos de la grande question de la répubilque et de la monarchie qui s'agite au milieu de nous, nous avons examiné cette question avec tout le degré d'attention et tout le soin que son importance réclame, et.le résultat de notre étude a été que, pour notre pays, dans l'état actuel des choses, et surtout dans les temps tout-à-fait nouveaux, dont l'aurore, malgré l'obscurité et les ténèbres dont ces temps sont encore enveloppés, commence à devenir visible pour tout œil exercé, la monarchie ne vaut pas, à beaucoup près, la république, et qu'il résulterait de grands maux, pour la France, du retour à l'ancienne forme de gouvernement.

II. — Les considérations dont l'opuscule que nous publions se compose, faisant parti d'une œuvre plus con-

sidérable que nous ne sommes pas encore en mesure de
livrer à l'impression et qui aura pour titre: *Les principes
de la politique*, nous avertissons le lecteur qu'il rencontrera
dans cet écrit, certaines expressions et plusieurs phrases
qui demandent, pour être bien comprises, que l'on ait
lu tout entier l'ouvrage dont il n'est qu'un fragment;
c'est là un inconvénient qui était inévitable du moment
que nous ne faisions point paraître, en même temps,
toute notre œuvre; nous le prions d'y avoir égard.

III. — Tout ce qui est contenu dans cette brochure,
excepté le présent avertissement, était écrit (nous pouvons en administrer la preuve) avant que le comte de
Chambord eut refusé de faire les concessions qui lui
étaient demandées comme condition de son rétablissement sur le trône de ses pères; cette circonstance ne
nous oblige pas à en retrancher, ni à y ajouter un seul
mot.

IV. — On nous dira, peut-être, qu'il est devenu inutile de parler ou d'écrire en faveur de la république
maintenant qu'elle existe, pour ainsi dire, nécessairement
fatalement, comme conséquence du refus du prétendant légitime, nous répondrons qu'il est, au contraire,
plus utile et plus nécessaire que jamais de le faire.

V. — La république, en effet, sera maintenue par des
monarchistes, c'est-à-dire par des hommes qui ne la com-
prennent pas, qui ne l'aiment pas et qui la craignent; ce
n'est point là, pour un peuple, une situation naturelle et
satisfaisante. La situation ne sera vraiment bonne et
vraiment naturelle que lorsque les partisans de la monar-

chie seront convaincus que l'œuvre du maintien de la république, à laquelle ils auront mis la main malgré eux, est une œuvre excellente, une œuvre salutaire et avantageuse à notre pays. Il serait funeste au repos de de la France, on ne le peut point contester, que l'on crut généralement que la république existe pour la seule raison que la monarchie, à cause de la division de ses partisans, est impossible, et qu'il fut admis, généralement aussi, que c'est un mal qu'elle existe. Les apologies de la république sont donc, aujourd'hui, plus que jamais de mise, et le seront de longtemps encore.

VI. — On nous demandera peut-être comment il se fait, qu'ayant des opinions d'ailleurs si conservatrices, nous donnions la préférence, à propos d'institutions politiques, à la forme républicaine.

VII. — Nous répondrons que si nous préférons la république à la monarchie, c'est uniquement parce que le terrain de la république, eu égard aux temps que nous traversons, nous paraît plus avantageux pour la défense des deux grands intérêts de la société et de la religion, défense qui a été la perpétuelle et constante préoccupation de notre existence.

VIII. — L'opinion que nous avons adoptée, bien que peu répandue encore parmi les conservateurs, n'est pourtant pas si nouvelle et si hasardée qu'on pourrait le croire. Elle a fait, dans ces derniers temps, des conquêtes précieuses, parmi lesquelles on cite un des membres les plus distingués de l'épiscopat français ; dans une circulaire qu'il adressait, il y a quelque temps déjà, à son clergé, l'évêque dont nous parlons le dissuade, autant qu'il peut, de mettre la main à l'œuvre du rétablissement de la monarchie, après avoir énuméré les qualités qui font le bon curé, il termine en disant : *que la croix qui est son drapeau n'a point de couleur, et que la houlette pastorale ne lui a pas été donnée pour soutenir des trônes fragiles.*

IX. — Nous finissons en priant le lecteur qui inclinerait, à cause de ses sentiments monarchiques, à considérer, avant tout examen, notre opinion comme erronée, de vouloir bien suspendre son appréciation, et de ne nous juger que sur pièces, c'est-à-dire qu'après nous avoir laissé le temps d'établir nos preuves, et qu'après avoir pris connaissance des raisons que nous avons développées dans ce petit ouvrage.

X.

1er Novembre 8173.

QUELQUES RÉFLEXIONS PRÉLIMINAIRES

SUR

LA POLITIQUE DE RAISONNEMENT ET LA POLITIQUE DE SENTIMENT.

I.

La politique est une affaire de raisonnement et non de sentiment.

II.

Toute politique qui ne peut porter, soutenir le raisonnement est condamnée à échouer toujours finalement.

III.

La politique de sentiment a ses racines dans l'affection ou l'intérêt exclusivement.

IV.

La politique de beaucoup de personnes dans la société, surtout de celles qui ont conservé de l'attachement pour les institutions anciennes, est une politique de sentiment. On a des opinions bien arrêtées, mais on ne veut pas parce qu'on ne peut pas les raisonner. Q'arrive-t-il? que l'on échoue partout et toujours, sans pouvoir atteindre aucun des buts que l'on se propose.

V.

Tout ce que l'on peut dire et tout ce que l'on dit, de notre temps, contre la république, est inspiré par la politique de sentiment, c'est-à-dire par l'affection ou l'intérêt, et n'a par conséquent aucune valeur intellectuelle.

VI.

Prouvez par A + B, par exemple, à des partisans de la monarchie, que la société, en ce moment, dans notre pays, a besoin, pour se défendre, de l'union de toutes ses forces conservatrices, vous obtiendrez leur prompt et entier assentiment; ils paraîtront même très-heureux de vous le donner, croyant bénéficier de la reconnaissance de cette vérité incontestable. Mais prouvez, également par A + B, que le rétablissement de la monarchie désunirait ces forces conservatrices, et aurait, par conséquent, des résultats funestes, ils ne vous suivent plus, ils paraissent visiblement froissés, et changent bientôt de conversation. Concluez que ces personnes *aiment* la monarchie ou qu'elles y ont *un grand intérêt*, et que leur politique, par conséquent, est une politique de sentiment. Elles ne veulent pas du raisonnement dans une affaire qui ne relève que du raisonnement.

VII.

La politique de sentiment est une politique aussi peu chrétienne qu'elle est peu patriotique, parce qu'elle est immorale ; et elle est immorale parce qu'elle conduit à aimer mieux la ruine de son pays que la ruine de son parti.

VIII.

On a vu, dans ces derniers temps, des personnes se réjouir de nos désastres parce que ces désastres ayant lieu sous une république, pouvaient servir la cause de leur politique de sentiment : quelle indignité et quelle horreur ! !

LA RÉPUBLIQUE

ET

LA MONARCHIE

Il s'agit, dans les considérations dont cet opuscule se compose, de démontrer, d'un côté, que la monarchie, parmi nous, est devenue absolument impossible, ce sera le sujet de la première partie; et, d'un autre côté, que quand les obstacles qui s'opposent au rétablissement de la monarchie seraient aplanis, ce rétablissement ne pourrait rien pour le raffermissement, la conservation, le salut de la société, ne pourrait rien, autrement dit, pour la cause de l'ordre; ce sera le sujet de la seconde.

Première partie.

I.

Pour prouver que la monarchie, en France, est devenue absolument impossible, il nous suffira de faire voir que son impossibilité repose sur cet axióme incontestable : que la partie est plus petite que le tout, et sur sa conséquence immédiate : que la partie étant plus petite que le tout, ne peut pas être aussi forte que le tout;

pour cela nous aurons recours au raisonnement qui suit, dont la rigueur, selon nous, ne laisse rien à désirer.

Pour que le principe monarchique, dirons-nous, put régner encore dans notre pays, il faudrait pour première condition qu'il n'y eut pour le représenter qu'une seule espèce de monarchie; or, il y a en France trois idées monarchiques bien distinctes, bien caractérisées et bien tranchées ; trois espèces de partisans de la monarchie par conséquent, trois monarchies par conséquent encore; et de ce qu'il y a, en France, trois monarchies, j'en conclus qu'il n'y a plus de monarchie, c'est-à-dire que la monarchie n'y est plus possible. En effet, de ce qu'il y a, dans notre pays, trois monarchies il s'ensuit qu'aucune monarchie ne peut plus y exister qu'à l'état de minorité, à cause de l'opposition que lui feront inévitablement les autres partis, soit républicains, soit monarchiques ; qu'elle ne peut plus être, si l'on veut, que la partie à l'égard, et en comparaison du tout. Or, le gouvernement de la minorité, de la partie, dans un temps de liberté politique et de suffrage universel comme celui où nous vivons, est absolument impossible, ce gouvernement étant une chose évidemment déraisonnable et absurde.

Pour confirmer, par la citation des trois faits les plus concluants que l'on puisse invoquer à son appui, la vérite de ce que nous disons ici : à savoir, que la monarchie n'est plus possible en France, parcequ'elle ne peut plus y exister qu'à l'état de minorité, rappelons, en peu de mots, ce qui s'est passé sous les trois monarchies que nous avons vu tomber depuis une quarantaine d'années ; considérons quelles ont été les causes, ou plutôt, quelle a été la la cause unique, car, à la vérité, il n'y en a qu'une seule, qui a amené ces trois grandes chutes.

Pourquoi Charles X, d'abord, est-il tombé? Charles X est tombé parcequ'il avait contre lui les libéraux qui devaient porter, plus tard, après la révolution de Juillet, le nom d'orléanistes ; les bonapartistes qui étaient déjà plus nombreux qu'on ne le pensait, à cette époque, surtout dans l'armée, les républicains conservateurs et les républicains révolutionnaires ; il est tombé, en d'autres termes, parce qu'il avait contre lui les quatre cinquièmes de la France, car on ne serait pas bien loin de la vérité, en soutenant que les partis politiques, parmi nous, ont à peu près autant d'adhérents les uns que les autres.

Pourquoi Louis-Philippe, à son tour, est-il tombé ? Louis-Philippe est tombé parce qu'il avait contre lui les légitimistes, les bonapartistes, les républicains conservateurs et les républicains révolutionnaires, parce qu'il avait aussi contre lui par conséquent, les quatre cinquièmes de la France.

Pourquoi Napoléon III, enfin, sans la guerre étrangère serait-il tombé ? car tout le monde reconnaît que sa chute aurait toujours eu lieu plus tard ; que ce n'était qu'une question de temps ; il le savait si bien lui-même, qu'il n'a fait la guerre, cela est bien connu, que dans l'espérance que les victoires qu'il se flattait de remporter auraient pour résultat de relever son prestige , et de rendre quelque solidité à sa situation. Napoléon III devait donc tomber, à son tour, et pour la même raison toujours, pour la raison qu'il avait contre lui, les légitimistes, les orléanistes, les républicains conservateurs et les républicains révolutionnaires, c'est-à-dire, aussi les quatre cinquièmes de la France, car personne n'ignore que la plupart de ceux qui votaient pour lui, dans les plébiscites, n'étaient pas des bonapartistes.

Ainsi il est prouvé, maintenant, par un argument bien fort, qui est celui que l'on peut tirer des trois grands faits positifs et éclatants comme le soleil, que nous venons de rappeler, il est prouvé que la monarchie, en France, n'a plus aucune chance de durée ; qu'à peine est-elle née et s'est-elle assise, pour ainsi parler, dans son existence, que commence, pour elle, une condition de vie dure et laborieuse, contrariée et tourmentée; que commence, pour mieux dire, une agonie douloureuse, qui se termine au bout de quelques années, par une fin lamentable; il est prouvé, en un mot, qu'il n'est plus donné à vivre, parmi nous, à la monarchie, que le temps qu'il lui faut pour mourir.

Les partisans de la monarchie se flatteraient-ils de pouvoir ramener à une seule espèce, les trois espèces de monarchies que nous avons en France, puisque c'est là la difficulté (à supposer pour le moment qu'il n'y en ait point d'autre) qui s'oppose au rétablissement de cette forme de gouvernement ?

Ce serait de leur part une bien grande illusion ; car les trois monarchies qui existent parmi nous sont irréductibles, c'est-à-dire ne sauraient être ramenées à un plus petit nombre, pour la raison qu'elles représentent, chacune, une idée particulière bien distincte, bien caractérisée et bien tranchée, qui exclut positivement les deux autres.

Non-seulement les trois monarchies qui existent en France ne sauraient être ramenées à une seule, elles ne peuvent même pas se réduire à deux, comme la chose aurait lieu, si ce que l'on est convenu d'appeler la fusion était un fait accompli. Mais la fusion est impossible, car quand même les prétendants des deux monarchies s'entendraient, leurs partisans, dans la pratique, une fois la monarchie combinée rétablie, ne s'entendraient pas, et continueraient la lutte. Nous donnerons pour preuve de ce que nous disons ici, ce qui s'est passé sous la Restauration. Est-ce que la fusion n'existait pas à la rentrée de Louis XVIII, en France, entre les légitimistes et les orléanistes qui s'appelaient alors les libéraux? mais qu'a-t-on vu au bout de quelques années ? on a vu les libéraux se tourner contre les légitimistes qui s'appelaient alors les absolutistes, et c'est ce qui a été la principale cause de la chute de la Restauration. Or, pourquoi ce qui s'est vu sous la première Restauration ne se reverrait-il pas sous la seconde, s'il devait y en avoir une autre? est-ce que les lois de la nature morale sont changées? Non : on l'a dit bien des fois avec juste raison, on ne recommence pas l'histoire. Les légitimistes et les orléanistes ne voteront jamais ensemble, ne seront jamais unis, en d'autres termes, que sous la république.

Mais supposons que la fusion soit possible, et finisse par devenir un fait accompli, notre raisonnement n'en aurait pas beaucoup moins de force. Ce ne serait plus, dans ce cas, cinq partis politiques, mais quatre, incontestablement irréductibles, cette fois, qui se partageraient la France. Il y aurait la monarchie des Bourbons, la monarchie des Napoléons, car aussi longtemps qu'il y aura des partisans de la monarchie, en France, il y aura des partisans de la monarchie Napoléonienne; et il y aurait, enfin, les deux républiques révolutionnaire et conservatrice; qui ne voit que la monarchie, dans ce cas, que ce soit celle des Bourbons, ou celle des Napoléons serait encore absolument impossible? elle n'aurait plus à lutter contre les quatre cinquièmes, il est vrai, mais contre les trois quarts de la France, et dans ces conditions, elle succomberait encore, inévitablement, au bout de quelques années.

Ainsi, ce grand œuvre de la fusion, dont l'enfantement fait suer sang et eau à tant de monde, n'avancerait pas beaucoup les choses; elle n'empêcherait pas que la monarchie, parmi nous, en est à ne pouvoir plus exister désormais qu'à l'état de grande minorité, c'est-à-dire que dans un état qui la rend tout à fait impossible.

II.

Cette impossibilité, pour la monarchie, d'exister désormais dans notre pays, pour les raisons que nous venons de dire, nous paraît être le résultat d'un dessein profond et admirable de la divine providence, dont l'intervention dans la conduite et le gouvernement des choses de ce monde, n'aurait jamais été, selon nous, en ce qui regarde la France, plus visible.

Nous avons fait voir clairement, en effet, dans le cours de cet ouvrage, d'une part, que les institutions démocratiques sont nécessaires et indispensables à notre nation comme à toutes les nations de race greco-latine, dont nous faisons partie, pour que ces nations puissent parvenir à tout le degré de développement intellectuel et moral dont elles sont susceptibles, et qu'il est dans les desseins de Dieu qu'elles atteignent; que si notre existence nationale est si troublée, si tourmentée de luttes et d'orages ; que si nous sommes atteints, aussi, d'un certain degré de corruption sociale qui fait croire à un commencement de décadence, c'est uniquement parce que, depuis quatre-vingts ans, ces institutions dont l'ensemble devait constituer le nouveau régime destiné à remplacer l'ancien régime tombé en quatre-vingt-neuf, n'ont encore pu percer, ne nous sont pas encore acquises, grâce à l'aveuglement et aux préjugés des classes dites supérieures, des classes dirigeantes de la société , lesquelles n'ont jamais pu se figurer, et en sont encore à comprendre que l'idée démocratique n'est pas du tout une idée révolutionnaire , bien qu'elle n'ait été adoptée, et· ne soit guère soutenue encore que par les adhérents du parti révolutionnaire , dont elle fait la principale, et, on pourrait même dire, l'unique force. Je dis : l'unique force, car, nous en avons la conviction profonde, on verra le ballon révolutionnaire , si on peut parler ainsi, se dégonfler rapidement et presque complètement, quand le parti conservateur entrera, et à proportion qu'il entrera, dans l'idée démocratique.

Le régime démocratique, n'est pas, sans doute, pour le dire ici en passant, ce que la démagogie avec sa haine de la religion, des bonnes mœurs, de la paix publique et des riches, avec sa liquidation sociale avec tant d'autres conceptions, ou ridicules ou funestes, entend par ce mot, mais il n'est pas non plus, il n'est pas davantage, il s'en faut d'autant, le régime politique existant, parmi nous, depuis quatre-vingts ans.

Nous ferons voir clairement aussi, d'une autre part, que si le régime démocratique nous est devenu nécessaire et indispensable, ce régime est incompatible, absolument parlant, non-seulement avec la nature, mais encore avec la forme monarchique des institutions politiques. Les nations aristocratiques, c'est-à-dire les nations qui ont besoin d'institutions aristocratiques pour pouvoir s'élever à tout le degré de développement intellectuel et moral dont elles sont susceptibles, et qu'il est dans les desseins de Dieu, aussi, qu'elles atteignent, comme les nations de race teutonique, peuvent conserver sans grand inconvénient, pour des raisons que nous ferons connaître, sinon la nature, du moins la forme monarchique, dans leurs institutions, car la monarchie constitutionnelle que ces nations paraissent avoir adoptée, n'a de la monarchie que la forme ; mais il n'en est pas de même pour les nations de race greco-latine. Pour ces nations, la forme monarchique est encore toute de trop, parcequ'elle est un obstacle au développement régulier et normal des institutions démocratiques, dont elles ne peuvent, avons-nous dit, se passer.

Or, maintenant, s'il n'y avait jamais eu qu'un parti monarchique en France, l'établissemeut de la république y aurait été à jamais impossible.

En effet, la conviction de la supériorité de la république sur la monarchie, au milieu des sociétés et des temps comme ceux où nous vivons, ne peut être que le résultat d'une réflexion profonde, à laquelle ne nous paraissent point capables de s'élever les classes laborieuses, qui n'ont pas assez d'instruction, d'expérience et de temps, pour pouvoir approfondir une telle question. La partie révolutionnée de ces classes laborieurses, qui habite plus particulièrement les villes, sans doute, est républicaine, mais sans savoir pourquoi ; elle est républicaine parce qu'on lui dit que d'importants avantages matériels, qu'un grand et légitime bien-être, dont elle n'a jamais approché, et dont elle n'a pas même l'idée, sera le résultat pour le peuple de la pratique du gouvernement républicain ; ce n'est pas là être républicain. Le vrai républicain, en ce moment, parmi nous, c'est l'homme qui, après avoir examiné, considéré, pesé, avec maturité, la chose, a reconnu que la monarchie constitutionnelle, la seule évidemment dont il peut être question, a tous les inconvénients de la république, sans en avoir tous les avantages. De ce moment, on est républicain de conviction et déclaré, et on agit en conséquence, à moins que l'on ne soit pas digne, et que l'on n'ait pas le courage de professer ouvertement des opinions sincères et consciencieuses.

Mais si la partie révolutionnée des classes laborieuses, qui est la moins nombreuse, est favorable à la république, l'autre partie qui a échappé, jusqu'ici, à la propagande et à l'action des principes révolutionnaires, incline, selon nous, instinctivement, plutôt vers la monarchie, pour la raison que quand on se borne à juger superficiellement la chose, comme fait le peuple, la monarchie paraît avoir plus d'avantages ; pour la raison, aussi, qu'il y a certaines époques dans la vie des peuples (ce sont celles de leur jeunesse et de leur vieillesse) où la monarchie vaut réellement mieux, et que le grand nombre ne peut pas faire le discernement et la différence de ces époques, d'avec les temps et les lieux où la monarchie ne ne peut plus faire aucun bien.

Cela étant, s'il n'y avait qu'un parti monarchique, parmi nous, ce parti, toutes les fois que la monarchie est renversée, n'aurait donc, pour la rétablir, qu'à s'entourer de certaines précautions, et qu'à bien choisir le temps et les circonstances, pour poser la question de la république ou de la monarchie ; il arriverait toujours à ses fins, l'ignorance du grand nombre, et son préjugé favorable, *a priori*, à la monarchie, dont nous venons de parler, rendant toujours possible, et même facile le succès de son entreprise.

Tout était donc perdu, s'il est vrai, d'une part, que les institutions démocratiques nous sont nécessaires et indispensables, et s'il est vrai, d'une autre part, que la république est nécessaire au développement régulier et normal de ces institutions, tout était perdu, si la divine providence n'eut tout sauvé, en permettant, sinon en favorisant, les révolutions qui ont amené la division profonde du parti monarchique (la révolution de Juillet a créé le parti orléaniste, la révolution de Février a créé ou ressuscité le parti bonapartiste), révolutions qui ont brisé ce parti, qui l'ont pulvérisé, anéanti complètement; je dis anéanti complètement, car si l'union fait la force, la division extrême doit faire la faiblesse extrême.

Pour se former une juste idée de la faiblesse du parti monarchique, il suffit de considérer ce qui arriverait si ce parti essayait de rétablir la monarchie; on verrait alors bien certainement, des diverses choses qui suivent, l'une.

Ou bien le parti monarchique consulterait la France, et lui demanderait de se prononcer sur deux questions : premièrement sur la question de savoir si elle préfère la monarchie à la république, ou la république à la monarchie; et, secondement, sur la question de savoir, dans le cas où la majorité des votes ne serait pas républicaine, à laquelle des trois monarchies elle accorde ses suffrages.

Or, nous sommes persuadé que les votes monarchiques se partageraient d'une manière à peu près égale, et quand il y aurait une certaine inégalité, quel prétendant pousserait la folie jusqu'à vouloir bien accepter la couronne dans de pareilles conditions ?

Ou bien le parti monarchique agirait d'une autre manière. La fraction légitimiste de ce parti, plus ou moins appuyée par la fraction orléaniste, proclamerait la monarchie traditionnelle et héréditaire, sans consulter la France, estimant qu'elle est toute consultée. Alors, ou le rétablissement de la monarchie serait le signal de la guerre civile, ou la guerre civile n'éclaterait point, mais aux prochaines élections générales, l'assemblée nationale serait composée, pour les trois-quarts au moins, de députés hostiles au nouveau gouvernement. Dans cette situation. il nous semble que le roi de la monarchie traditionnelle ou héréditaire, s'il se respectait assez n'aurait qu'une chose à faire, ce serait de se retirer volontairement et de partir au plus vite sans attendre la suite inévitable des évènements, car s'il croyait devoir attendre ces évènements, son destin serait encore plus promptement accompli que celui de

Charles X. Le parti conservateur ne ferait-il pas mieux, s'il en en devait être ainsi, d'épargner à un prince qui ne l'a pas mérité, une si cruelle avanie?

Ainsi, le parti monarchique, en France, est réduit au dernier degré d'impuissance et de faiblesse; cette faiblesse extrême se traduit par l'impossibilité où il se trouve de rétablir la monarchie, objet de tous ses vœux.

Par ces mots : impossibilité de rétablir la monarchie, je ne veux pas dire : impossibilité de la remettre sur pied, absolument parlant; l'égarement de l'esprit public et sa lassitude considérable, peuvent laisser passer bien des choses; je veux dire seulement : impossibilité de faire vivre et durer la monarchie.

Que conclure, maintenant, de ce que la monarchie est devenue impossible, parmi nous, au sens que nous donnons à ce mot, sinon que ce n'est point par la monarchie que Dieu veut sauver la France.

Quand nous disons : sauver la France c'est pour employer une expression en quelque sorte consacrée, mais qui ne nous paraît pas le moins du monde, exacte. Nous n'admettons pas que la France ait besoin d'être sauvée, ou régénérée, comme on dit encore, pour la raison qu'elle n'a jamais été perdue, et qu'elle n'est point dégénérée. Ce sont là des expressions vides de sens, et qui ne répondent à rien de réel. Le mal de la France, en effet, n'est pas un mal moral, c'est un mal intellectuel. Ou s'il y a du mal moral dans le mal de la France, ce mal moral est une conséquence du mal intellectuel et disparaîtra en même temps que lui. Cette vérité est bien établie dans notre livre *Des principes*. On ne veut pas d'un côté reconnaître aux temps que nous traversons leur nouveauté originale et profonde; on mêle de l'autre côté, à une compréhension plus juste de ces temps, une exagération et des erreurs fatales : voilà le mal, qui est comme on le voit tout intellectuel. Mais que le parti conservateur comprenne qu'il doit entrer pleinement, résolument, sincèrement, dans l'idée démocratique; que le parti démocrate, à son tour, comprenne qu'il doit dégager au plus tôt sa cause de celle de la révolution, puisque ces deux causes, avons-nous dit, sont tout à fait distinctes, et, aussitôt, une nouvelle ère de prospérité, de force et de grandeur, dont on ne peut se faire une idée s'ouvrira pour notre pays. Oui, tout s'expliquera, se conciliera, s'apaisera quand la lumière pénétrera, et rien ne nous dit qu'il faille en désespérer, dans ces deux régions, également ténébreuses, de la révolution et de la contre-révolution. Mais ne poussons pas plus avant, en cet endroit, sur ce sujet, que nous avons développé complètement dans l'ouvrage que nous devons publier, et dont cet opuscule, avons-nous dit, déjà, n'est qu'un extrait.

Il y a des personnes qui déplorent, qu'après Sedan, il y ait encore un parti bonapartiste en France ; nons trouvons, au contraire, que cela est fort heureux. Ce parti, en effet, ne pouvant plus devenir dominant, après les évènements dont nous avons été témoins, sert à entretenir la division dans le parti monarchique, ce qui est le salut de la république, si l'on a bien compris et entendu.

Si l'établissement de la république, en France, est un évènement nécessaire et inévitable, comme on n'en saurait douter après ce que nous venons de dire, un évènement irrésistible et fatal, dans le sens raisonnable et chrétien du mot, il l'est aussi, les raisons étant les mêmes, pour toutes les autres nations de race greco-latine, qui ne sont pas encore au même point, mais qui ne suivent pas une autre voie que nous, et qui ne tarderont pas à nous rejoindre dans cette voie. Oui, dans un certain nombre d'années, moins grand, peut-être, que nous ne le pensons nous-mêmes, la France, l'Espagne, le Portugal, l'Italie, la Belgique, toutes les nations de race greco-latine, enfin, c'est-à-dire une centaine de millions d'hommes, seront constitués en république ; cela nous paraît inévitable et certain, aussi certain, qn'il est certain que les eaux d'un fleuve qui sont encore à vingt lieues de son embouchure, se trouveront, dans quelques heures, au milieu de la mer.

Que dire, maintenant, de l'opinion de ceux qui prétendent que la France, une fois constituée en république, serait sans alliance naturelle en Europe ? Elle aurait pour alliées naturelles tontes les nations de race greco-latine, qui représentent la civilisation, dans le monde, et dont elle est la sœur aînée, lesquelles ne feront pendant plusieurs siècles, c'est-à-dire pendant toute la période mûre ou républicaine de leur existence, qu'un seul peuple pour combattre la barbarie teutonique.

III.

Nous avons dit que les trois espèces de monarchies qui ont des partisans, dans notre pays, sont irréductibles, c'est-à-dire ne sauraient être ramenées à deux et surtout à une seule espèce, pour la raison que chacune de ces monarchies représente une idée politique particulière, bien caractérisée, et bien tranchée. Quelles sont donc ces trois idées politiques bien distinctes, et qui s'excluent réciproquement, que représenterait chacune de nos trois monarchies ?

La monarchie traditionnelle, la monarchie absolue. la monarpure ou autocratique, tous ces termes sont synonimes, voilà l'idée politique particulière que représente le parti légitimiste pur-sang. Dans cette monarchie, le roi est tout à la fois le pouvoir législatif et le pouvoir exécutif ; il prétend ne relever que de Dieu ; il parle beaucoup de ses droits ; ses devoirs ne regardent personne ; il prononce de temps en temps, cette parole devenue célèbre : l'état c'est moi, c'est-à-dire l'état n'a d'autres vues , d'autre volonté , d'autres intérêts que les miens ; l'état s'identifie, enfin, et se confond complètement avec moi. Cette monarchie, qui est celle de Louis XIV, où le roi n'est pas seulement le chef de l'état, mais où il est Le Roi, et à laquelle a mis un terme la révolution de quatre-vingt-neuf, a été nécessaire et a duré quatorze siècles , en France, mais elle est devenue un anachronisme, et n'a plus aucun sens, ne répond plus à aucun besoin social, nulle part, en Europe, excepté à Saint-Pétersbourg et à Constantinople.

La monarchie libérale, ou constitutionnelle, ou parlementaire, tous ces termes sont synonimes, voilà l'idée politique particulière que représente le parti orléaniste. Dans cette monarchie, le roi est tout simplement le chef du pouvoir exécutif ; il ne prétend relever que de la nation, dont il reconnaît la souveraineté ; il est le premier sujet de la loi, et respecte la constitution établie par les représentants légitimes du pays ; il se contente, enfin, de régner, et laisse gouverner l'assemblée ou les assemblées législatives. Cette monarchie paraît avoir réussi chez plusieurs nations de l'Europe qui diffèrent essentiellement de la nôtre, mais pour nous comme pour toutes les nations qui ont reçu la même constitution iutellectuelle et qui vivent de la même vie morale que nous, la monarchie constitutionnelle, nous le feront voir clairement, est inférieure à la république de même nature, par la raison qu'elle a tous les inconvénients et tous les dangers, si dangers il y a, de la république, sans en avoir tous les avantages.

La monarchie césarienne, c'est-à-dire une monarchie autocratique, et, tout à la fois, populaire et démocratique, voilà l'idée politique particulière que représente le parti bonapartiste. Dans cette monarchie le prince est absolu. comme dans la monarchie traditionnelle, mais il tient ses pouvoirs de la nation, comme dans la monarchie constitutionnelle. Cette monarchie a sa raison d'être, selon ses partisans, dans la nécessité d'assurer toute satisfaction légitime aux nombreux intérêts nés de la révolution, et, surtout, d'imprimer une impulsion pacifique et modérée, au développement des institutions démocratiques, car les bonapartistes ne contestent pas que l'avenir, dans notre pays, est à la démocratie, mais ils pensent que la démocratie à tout intérêt à se confier aux bonnes intentions et à la direction favorable d'une dynastie sortie du peuple, et ayant par ses instincts démocratiques, de profondes racines dans la masse de la nation, mais c'est là une idée tout-à-fait fausse. Il n'y a pas de monarchie démocratique. La démocratie, en effet, n'a pas de plus grand ennemi que l'autocratie. Une monarchie démocratique c'est, dans toute la force et toute l'étendue du mot, un cercle carré ; c'est même le cercle le plus carré que l'on puisse imaginer, et par conséquent, la chose du monde la plus impossible. La preuve *a posteriori*, c'est-à-dire tirée de faits éclatants et palpables que l'on puisse apporter de la vérité de ce que nons disons ici, c'est ce qui s'est passé sous Napoléon Ier comme sous Napoléon III. On n'aperçoit rien absolument de démocratique et de populaire, en effet, dans les faits et gestes de la monarchie Napoléonienne, sous les deux empires.

On voit, par le peu que nous venons de dire, en passant, à propos des trois monarchies qui ont des partisans dans notre pays, que pour notre nation, pendant les siecles qui vont s'écouler, chacune de ces trois monarchies est, quoiqu'à des titres différents, également fausse et également mauvaise. Nous ne nous proposons pas d'établir, ici, par des raisonnements suivis, la vérité de ce sentiment bien arrêté, de notre part, pour le motif que nous devons le faire ailleurs, aussi complètement que possible. Ce que nous avons en vue seulement pour l'heure, c'est de mettre tout-à-fait en évidence que ces trois monarchies s'appuient sur un principe contraire, ou tout au moins très-différent, ne peuvent se suppléer l'une l'autre, ni se confondre l'une avec l'autre ; ne sont pas conciliables, ne sont pas fusibles, si on veut bien nous passer cette expression.

Se figure-t-on, en effet, la singulière monarchie que ferait la réunion des deux monarchies traditionnelle et constitutionnelle ; des deux monarchies, autrement dit, légitime et orléaniste? Le Roi, dans cette monarchie, consentirait donc à devenir un roi constitutionnel ; il gouvernerait avec des Chambres librement élues. Mais quand il sera un roi constitutionnel, le Roi ne sera plus le Roi, car il se trouvera en face d'une assemblée nationale prétendant posséder, comme lui, des droits indiscutables. Je dis : comme lui, car le Roi ne tenant ses droits que de Dieu n'admet pas que ces droits soient discutés par des hommes qui ne tiennent les leurs que de la volonté des peuples. Qui ne voit qu'une telle monarchie serait tout-à-fait impossible, de même que dans l'ordre métaphysique, pour prendre un exemple, il ne peut y avoir deux dieux, parce qu'il ne peut y avoir deux infinis. De même aussi, dans l'ordre politique, il ne peut y avoir en présence deux possesseurs de droits indiscutables ; ces droits s'annihilant, se détruisant les uns les autres. Dans la monarchie dont il s'agit, il y aurait donc bien encore cercle carré comme dans la monarchie démocratique des Napoléons.

Après avoir prouvé *a priori* et *a posteriori*, comme on pourrait dire, l'impossibilité mathématique, l'impossibilité absolue pour la monarchie, sinon d'être rétablie, car on établit, tous les jours, des choses qui ne sont pas destinées à vivre, mais de subsister, de durer encore, dans notre pays, et l'inutilité, par conséquent, de la peine que se donnent les partisans de cette forme de gouvernement pour la remettre sur pied, nous ferons une supposition ; nous supposerons que Henri V a disparu sans retour, on a confondu sa cause avec celle des princes de la seconde branche de sa famille ; nous supposerons encore que Napoléon IV a disparu également, qu'il ne reste plus sur la terre que la maison d'Orléans, et que le grand obstacle, par conséquent, au rétablissement de la monarchie qui venait de là division de ses partisans n'existe plus, quelles seraient pour notre pays les conséquences de ce rétablissement de la monarchie ?

Nous alons prouver, dans une seconde partie, que le rétablissement de la monarchie, dans ce cas, le plus avantageux qu'il soit possible de supposer, ne pourrait rien absolument, pour le raffermissement, la conservation, le salut de la société, ne pourrait rien autrement dit, pour la cause de l'ordre, et que la pensée de ce rétablissement, par conséquent, comme devant amener un changement inutile, est une pensée malheureuse et funeste au repos de notre pays.

Seconde Partie.

I.

Nous commencerons par déclarer que nous ne sommes animé ici d'aucun sentiment favorable ou défavorable, que nous sommes sans sympathie, comme sans antipathie théoriques, par conséquent, pour ou contre la Monarchie ou la République. Nous ne pouvons point méconnaitre, en effet, d'un côté, que la monarchie est la forme de gouvernement qui a le plus souvent et le plus longtemps réussi, dans la pratique (il est bien clair qu'il n'en saurait être autrement, puisque comme nous l'avons dit ailleurs, la monarchie est la seule forme de gouvernement possible, ou du moins la meilleure forme de gouvernement pendant l'enfance, la jeunesse et la vieillesse d'un peuple, c'est-à-dire pendant les trois quarts des siècles que dure son existence), mais nous ne pouvons pas méconnaitre non plus, d'un autre côté, que la république est la forme de gouvernemett sous laquelle se sont développées, ont vécu, grandi et prospéré, les plus remarquables, les plus dignes et les plus illustres nations de l'univers.

Voilà ce que nous ne pouvons point méconnaitre, d'où il suit inconstestablement que la monarchie est bonne, que la république est bonne aussi, mais que ces deux choses ne sont bonnes que d'une bonté toute relative, c'est-à-dire, tel pays, tel temps, telles mœurs, telles ou telles circonstances ou conditions particulières étant données, en dehors desquelles elles ne valent absolument plus rien ; d'où il suit en un mot, que la république et la monarchie sont deux formes de gouvernement qui ont leur moment, leur jour, leur heure marqués dans l'histoire des sociétés humaines, lequel moment, lesquels jour ou heure, toute la puissance des hommes ne saurait devancer.

Pour confirmer l'exactitude et la vérité de cette assertion : que la monarchie et la république sont deux formes de gouvernement également bonnes, mais non pas pour tous les peuples, ni à tout les moments donnés non plus de la vie d'un peuple, il me suffira de citer les deux plus grands faits sous le rapport qui nous occupe dont les documents historiques nous aient conservé le souvenir, je veux parler des deux établissemenes de la république romaine, et de la monarchie impériale qui lui succèda immédiatement.

On ne peut point contester, en effet, que quand la république s'établit à Rome, après l'expulsion des Tarquins, ce ne fut un évènement heureux, et que cette forme de gouvernement ne favorisât singulièrement, le développement de toutes ces grandes et admirables qualités de l'esprit et du cœur, dont les Romains devaient donner durant cinq cents ans le spectacle au monde. Mais on ne peut pas contester, non plus, que quand la république disparut pour faire place, à son tour, à la monarchie impériale, ce ne fut un évènement heureux aussi ; car les divisions, les discordes, les luttes intestines, les guerres civiles, en un mot, si répétées et si cruelles qui ensanglantèrent les derniers temps de la république, se seraient éternisées infailliblement sous cette forme de gouvernement ; auraient continué de remuer, d'agiter l'état, et de le remplir tellement de troubles, que la société romaine se fut abimée bientôt dans ces convulsions. Tandis que sous les empereurs, au moins, l'ordre matériel, ce premier des biens que les institutions civiles sont faites pour procurer aux hommes se rétablit, et que la société, une société bien triste et bien déplorable, sans doute, mais enfin une société telle qu'il pouvait encore y en avoir, dans la situation où se trouvaient les esprits, constinua de subsister.

Nous croyons devoir nous arrêter ici, pour aller au devant d'une objection qui s'élève probablement dans l'esprit du lecteur.

II.

Si vous admettez, nous dira-t-on, que l'établissement de la monarchie impériale a été pour le peuple romain, un évènement heureux, à cause des divisions, des luttes intestines, des guerres civiles, en un mot, qui se seraient éternisées chez ce peuple, sous le gouvernement républicain, pourquoi ne pas l'admettre aussi pour nous ?

La république, en France, n'a-t-elle pas été accompagnée des mêmes désordres et des mêmes crimes qui ont signalé ses derniers moments à Rome ; et n'est-il pas naturel de croire que le même remède qui a été trouvé salutaire pour les Romains est aussi le seul qui puisse nous sauver ? Mais alors que devient votre proposition à démontrer : que le rétablissement de la monarchie, parmi nous, ne pourrait rien absolument pour le raffermissement, la conservation, le salut de la société ?

Sans doute, répondrons-nous, s'il y avait de l'analogie entre les temps qui précédèrent et qui suivirent les deux républiques romaine et française, l'objection serait victorieuse et ne souffrirait point de réplique ; mais nous ne saurions dire combien nous sommes persuadé que les temps où nous vivons, n'ont aucune analogie, absolument, avec ceux qui virent la chute de la république romaine malgré toutes les apparences contraires.

Je dis : malgré toutes les apparences contraires.

En effet, que de rapports, que d'analogie, à ne juger que sur l'apparence, ne trouve-t-on pas, entre nos temps et ceux où la république à Rome fit place à la monarchie impériale ? signalons les principaux d'entre ces rapports.

A la fin de la république romaine, il y eut des excès affreux, des assassinats, des proscriptions, comme pendant la république française ; ces excès inouïs conduisirent les peuples romain et français à désirer un pouvoir énergique et fort, un pouvoir assez fort pour imposer aux partis la paix, et assurer à tous les citoyens le bien-fait de la sécurité et de la tranquilité publiques; ce pouvoir s'incarna dans l'un comme dans l'autre pays, dans deux personnalités puissantes, dans deux conquérants extraordinaires ; ces conquérants disparaissent, à leur heure, dans une tempête, et revivent, pour pour ainsi parler, dans deux collatéraux au même degré, dans deux neveux qui entreprennent de continuer leur œuvre. Voilà, sans doute, bien des rapports, bien des traits de ressemblance, qui ont dû induire en erreur, et égarer dans leurs jugements beaucoup de personnes ; mais je le répète, il n'y a là qu'une pure apparence, rien n'est plus différent, en réalité, à les considérer attentivement, que les deux états, que les deux situations historiques dont nous parlons.

Tâchons de bien saisir les principales, et surtout les deux ou trois plus considérables parmi ces differences.

Quand la révolution dont Jules César était l'instrument mit fin à la république romaine qu'est-ce qui finissait à Rome? C'étaient, tout le monde le dira sans peine, les institutions aristocratiques. Quand la révolution dont Napoléon premier a prétendu et a passé pour être le représentant mit fin à l'ancien régime, parmi nous, qu'est-ce qui finissait en France? C'était la monarchie pure, la monarchie absolue ou autocratique.

Première différence entre les deux situations historiques que nous examinons ; et différence, comme on le voit, tout-à-fait caractéristique et essentielle.

Mais si les deux révolutions romaine et française mettaient fin aux deux régimes aristocratique et autocratique, qu'étaient-elles appelées à leur substituer ?

Il est facile de le déterminer au moyen de quelques principes de solution, que nous avons établis, ailleurs, par le raisonnement, et que nous ne pouvons que rappeler ici en quelques mots.

Nous avons établi que de même qu'il y a dans la vie de l'homme différentes phases, différentes périodes bien caractérisées et bien tranchées, que l'on désigne sous les noms particuliers d'enfance, de jeunesse, de maturité, de vieillesse et de décrépitude ; de même on peut considérer, dans la durée de l'existence d'un peuple, différents temps bien séparés et bien distincts, qui ont le plus parfait rapport. l'analogie la plus remarquable avec les différents âges que nous venons de rappeler, et auxquels on peut appliquer aussi les dénominations d'enfance, de jeunesse, de maturité, de vieillesse et de décrépitude. Nous avons dit encore que quand un peuple dans la durée de son existence, n'en est point parvenu encore à l'époque de la maturité, ou que quand il a dépassé cette époque, la seule espèce de gouvernement possible, ou si l'on veut, la meilleure espèce de gouvernement, pour ce peuple, c'est la monarchie absolue ou autocratique.

Nous avons dit, enfin, que quand il arrive à cette époque, dans la durée de son existence, que l'on appelle maturité, un peuple doit recevoir des institutions aristocratiques ou démocratiques, selon qu'il est un peuple de nature sérieuse ou de nature spirituelle; un peuple en d'autres termes à génie romain ou à genie athénien, ou comme on dirait préférablement, dans ces temps-ci, un peuple de race teutonique ou de race greco-latine.

Or, le peuple romain, au temps de César, achevait de traverser dans la durée de son existence, la période que l'on appelle maturité; il entrait dans celle que l'on désigne sous le nom de vieillesse ou de décadence, il lui fallait donc revenir à la monarchie pure, à la monarchie absolue ou autocratique; puisque c'est le seul gouvernement bon, avons-nous dit, pour toute nation qui n'a pas encore atteint ou qui a dépassé l'époque de la maturité. C'est là, en effet, le gouvernement que les Césars établirent à Rome. Ce gouvernement était dans la nécessité, dans la logique de la situation; il répondait parfaitement aux desseins de la providence, et devait, par conséquent, réussir; aussi dura-t-il quatre ou cinq cents ans, autant à peu près que la république romaine avait duré, sous son régime et ses institutions aristocratiques.

Quand au peuple français, à l'époque de la révolution, il achevait de traverser, dans la durée de son existence, la période que l'on appelle jeunesse, il parvenait à celle que l'on désigne sous le nom de maturité, il devait sortir, par conséquent, de la monarchie pure, de la monarchie absolue ou autocratique, et recevoir les institutions démocratiques, si l'on a bien compris ce que nous venons de dire, puisqu'il appartient à la race greco-latine.

Seconde différence entre les deux situations historiques que nous examinons, différence encore bien caractéristique et essentielle.

Ainsi les deux sociétés romaine et française ne sortaient pas de la même situation, sous le rapport politique, à l'époque de leur grand changement de régime, et ne devaient pas entrer, par conséquent, sous le même rapport, dans une situation nouvelle analogue.

Mais si le temps de la monarchie absolue et des institutions autocratiques finissait pour notre pays quand sa grande révolution éclata, et si des institutions démocratiques devaient leur être substituées, on conçoit que nous ne puissions pas admettre que l'établissement de la monarchie impériale qui a eu lieu, au commencement de ce siècle, ait été pour le peuple français, comme pour le peuple romain, un évènement heureux. Il serait en effet contradictoire de le faire, car ce serait confondre des institutions qui se détruisent, qui s'excluent aussi radicalement que les institutions démocratiques et autocratiques ; ce serait refuser, par conséquent, à la révolution de quatre-vingt-neuf, sa raison d'être, sa signification, son sens providentiel. S'il était bon, pourrait-on se dire alors, de rentrer sitôt sous le régime de la monarchie absolue, quelle utilité y avait-il d'en sortir ? Napoléon ou les Napoléons, en se croyant appelés à fonder une nouvelle monarchie absolue, ne présentant guère de différence avec l'ancienne, quelques années seulement après la disparition de celle-ci, faisaient donc tout à fait fausse route, et devaient nécessairement échouer. Ils ont péri à cette tâche ; ils y ont péri par la guerre étrangère, mais la guerre étrangère n'était que le moyen dont la providence divine s'est servi, pour amener leur chute. La vraie cause de cette chute, c'est la méconnaissance de la nature ou bien de la nécessité, pour notre pays, des institutions démocratiques, et, par suite, le délaissement, l'abandon de la grande cause que ces institutions étaient appelés à servir.

III

Toutefois, hâtons-nous de le reconnaitre, il y a une opinion répandue assez généralement, qui veut voir dans Napoléon Ier le réprésentant de la révolulion, c'est-a-dire qui se persuade que le résultat du passage de Napoléon, dans le monde, a été de favoriser la cause de la révolution, dans ce qu'elle avait de juste et de légitime ; une opinion, par conséquent, qui reconnait à la destinée du grand capitaine , quelque chose de providentiel ; voyons dans quel sens et jusqu'à quel point cette opinion est vraie.

Pendant le cours de l'existence des peuples qui sont en possession d'institutions libres, soit aristocratiques soit démocratiques, il se rencontre, parfois, tout le monde le sait, des époques troublées et malheureuses, où la société n'apercevant point d'autre moyen de sortir des difficultés présentes, investit, pour un temps déterminé du droit de la gouverner avec une autorité absolue, un personnage dans l'énergie, la capacité et les bonnes intentions duquel elle a confiance ; ce pouvoir illimité par son étendue, et limité seulement par sa durée, s'appelle dictature.

J'ai dit : des peuples qui sont en possession d'institutions libres, soit aristocratiques soit démocratiques ; c'est qu'en effet chez les nations qui vivent sous le régime de la monarchie absolue, il n'y a jamais lieu de recourir à la grande ressource, au grand moyen de la dictature ; l'autorité qui gouverne chez ces nations étant elle-méme une dictature perpétuelle. C'est d'ordinaire après des troubles politiques profonds, ou au milieu des calamités produites par quelque guerre étrangère malheureuse que la mesure extrême dont nous parlons devient nécessaire.

Le personnage investi de l'autorité dictatoriale doit être doué de beaucoup d'intelligence, et surtout d'un grand caractère, il doit comprendre merveilleusement les nécessités de la situation critique au milieu de laquelle il opère, et s'appliquer avec toute l'activité et la vigueur possibles, à satisfaire à ces nécessités ; il doit faire, en un mot, en dehors de tout régime de discussion, car la parole n'est plus de mise, et tout est à l'action, en ces moments, chez le peuple dont il s'agit, il doit faire, dis-je, et il fait ordinairement très-bien les affaires de la société qui lui a confié momentanément ses destinées.

Au sortir de la tourmente révolutionnaire, et même pendant quelques années après, tant les circonstances étaient extraordinaires, la nécessité de la dictature pour notre pays a dû être généralement sentie, tout alors, en effet, dans les régions du pouvoir n'était qu'obscurité, bouleversement, confusion ; nos pères ne pouvaient donc mieux faire, en pareil cas, que d'accepter un homme au caractère énergique et à la vaste intelligence, et que de lui confier, pour un certain temps, avec un pouvoir illimité, la direction politique de ses affaires ; Napoléon Ier s'est trouvé être cet homme.

Pendant les quelques années que dura sa dictature nécessaire, Napoléon, à ce que rapporte l'histoire, a su gouverner à la satisfaction générale ; il a su remettre dans leurs vraies voies, et rétablir beaucoup de choses qui avaient été ou trop légèrement ou injustement supprimées ; ne tomber dans aucun excès ; donner toute la satisfaction possible, pour le moment, aux aspirations légitimes des temps nouveaux ; ne rien accorder à la réaction ; il a été, en un mot, l'homme de la démocratie modérée et raisonnable, et a pu être considéré, dans ces limites, comme le représentant de la révolution.

C'est le souvenir de ces quelques années de dictature de Napoléon Ier, au commencement de ce siècle, qui est resté en bénédiction dans la mémoire des peuples, comme celui d'un gouvernement éclairé et bienfaisant, réparateur et sauveur.

Mais lorsque Napoléon, non content d'exercer la dictature momentanée dont il était investi, essaie, quelques années plus tard, de transformer son pouvoir temporaire en pouvoir permanant ; quand il essaie de rétablir la monarchie absolue avec son hérédité, sa nouvelle noblesse, ses grands dignitaires, et tout l'attirail d'autrefois, une monarchie, par conséquent, différant bien peu de celle qui venait de disparaître, Napoléon est-il encore l'homme nécessaire et providentiel, l'homme des temps nouveaux, le représentant de la révolution ? Non, sans doute, s'il est vrai, comme nous venons de le dire, que des institutions démocratiques devaient succéder, comme conséquence de la révolution, aux institutions autocratiques de l'ancien régime. Aussi l'édifice qu'il élève, la providence divine se chargera-t-elle de le renverser, peu de temps après, et le renversera-t-elle encore plus tard, quand la reconstruction de cet édifice aura été entreprise par celui des membres de sa famille qui lui succèdera à distance.

Ainsi le lecteur peut juger, maintenant, dans quel sens précisément, et jusqu'à quel point, il est juste et raisonnable de considérer Napoléon premier comme le représentant de la révolution. Il l'est, cela ne peut se contester, jusqu'à l'établissement de la monarchie impériale exclusivement; depuis cette époque, il n'est plus le représentant que de son idée anti-démocratique et fausse, idée sous les conséquences fatales de laquelle, il succombera plus tard.

Mais revenons à notre sujet, et reprenons le fil de notre démonstration

IV.

Nous avons établi, en nous appuyant sur la citation des deux plus grands faits historiques, sous le rapport qni nous occupe, dont les annales des peuples nous aient conservé le souvenir, que la monarchie est bonne, que la république est bonne aussi, que ce sont là deux formes de gouvernement qui ont leur moment, leur heure marqués, dans la durée de l'existence des sociétés humaines. Nous avons donc raison d'être sans prévention favorable ou défavorable, comme nous avons dit, d'être sans sympathie, par conséquent, comme sans antipathie théoriques, pour l'une ou l'autre de ces deux formes de gouvernement ; et il faut considérer cette disposition d'esprit que l'on rencontre chez beaucoup de partisans, quand même, du gouvernement républicain, qui les porterait à établir, s'ils étaient dans la situation de le pouvoir faire, la république par toute la terre ; qui la leur ferait établir en Russie, en Turquie, en Chine, et jusqu'au milieu des forêts de l'Amérique, chez les tribus les plus sauvages, sans se préoccuper jamais de la question de savoir si c'est le moment, si c'est le jour et l'heure de la république ou de la monarchie qui sont venus pour les peuples de ces contrées, il faut considérer cette disposition d'esprit, disons-nous, comme souverainement absurde et inintelligente, car la république, si ce que nous venons de dire est vrai, est une forme de gouvernement aussi salutaire et avantageuse aux peuples qui sont dans la situation de pouvoir s'en accomoder, que funeste et désastreuse à ceux qui ne le sont pas.

Ces observations présentées, ce que nous aurions à faire maintenant, si la question dont il s'agit était posée dans des termes généraux, et au milieu de circonstances ordinaires, c'est-à-dire si nous avions à examiner la question de la monarchie sous toutes les faces qu'elle peut offrir à considérer, ce que nous aurions à faire, ce serait, non pas de rechercher si la monarchie est la meilleure forme de gouvernement, absolument parlant, puisqu'il n'y a pas de meilleure forme de gouvernement, absolument parlant, selon ce que nous venons de dire, mais de rechercher quelles sont les raisons particulières qui déterminent qu'à tel ou tel moment donné de leur existence, telles ou telles nations sont faites pour se trouver bien de vivre sous desinstitutions monarchiques, tandis que telles ou telles autres seraient faites, à leur tour, pour se trouver bien de vivre sous des institutions républicaines.

Mais la question que nous avons à examiner n'est point posée de manière à ce que nous ayions à la considérer sous tous ses rapports ; elle est beaucoup plus restreinte, et ne nous occupera que peu de temps. Les partisans du rétablissement de la monarchie, en effet, ne proposent et recommandent cette mesure que dans le seul but de rendre à la société, si visiblement ébranlée par la multitude et la violence des attaques qui lui ont été portées dans ces derniers temps, toute la force et tout l'appui dont elle a besoin pour résister à ces attaques.

C'est donc sous ce seul rapport, laissant de côté, pour le moment tous les autres, que nous allons dire quelques mots sur l'importante question du rétablissement de la monarchie.

Ainsi la question dont il s'agit peut se formuler de la manière suivante : la monarchie, à l'heure qu'il est, au milieu des circonstances où nous nous trouvons, peut-elle quelque chose pour le raffermissement, pour la conservation, le salut de la société ?

Il est aisé de comprendre par tout ce que nous avons dit précédemment qu'il ne s'agit pas, ici, de la monarchie absolue. Après la dernière et si affreuse expérience que nous venons d'en faire en peut-il encore être question ? tout notre raisonnement n'aura donc de valeur, nous le reconnaissons, et ne portera que contre la monarchie libérale ou parlementaire, que le lecteur ne le perde point de vue.

Cela posé, nous ne craignons pas de répondre à la question précédente par la négative la plus formelle et la plus absolue. Non, disons-nous, dans l'état actuel des choses, au milieu des circonstances où nous sommes, la monarchie ne peut rien pour le raffermissement, la conservation, le salut de la société, ne peut rien autrement dit pour la cause de l'ordre ; la question de son rétablissement est la question la plus vaine, la plus inutile, la plus puérile que l'on puisse agiter de notre temps, en ce sens que sa solution, quand même elle aurait lieu à la satisfaction de ceux qui l'ont soulevée, ne supprimerait pas une seule des difficultés nombreuses qui sont actuellement pendantes, parceque ces difficultés, que la société possède, comme nous en avons la conviction, on ne possède pas les ressources nécessaires pour en triompher, ne viennent pas de l'absence de la monarchie, mais de la présence de la liberté politique.

V.

Sous quel rapport, en effet, la société trouverait-elle sous la monarchie, dans la lutte qu'elle soutient, contre tous les principes de désordre, des facilités, des ressources qu'elle ne trouve pas sous la république ?

Serait-ce parce que sous la monarchie le suffrage universel pourrait être naturellement et logiquement supprimé, à supposer ce que nous n'admettons pas pour notre part, que cette mesure soit une condition d'existence et de salut pour la société? mais le suffrage universel peut être tout aussi naturellement et tout aussi logiquement supprimé sous la république que sous la monarchie. Le suffrage universel, en effet, n'est pas essentiel à la république, à prendre ce mot dans son sens le plus étendu et le plus general, puisqu'il y a des républiques aristocratiques et oligarchiques, des républiques, autrement dit, qui ne reconnaissent point ce dogme : que la souveraineté réside dans l'universalité des citoyens. Et si le suffrage universel n'est pas essentiel, absolument parlant, n'est pas essentiel en principe à la république, sa négation n'est donc point particulière à la monarchie. Ainsi sous ce grand rapport, déjà, sous le rapport de la suppression du suffrage universel, en supposant, nous le répétons encore une fois, que cette mesure soit une condition d'existence et de salut pour la société, la monarchie ne peut rien fournir à celle-ci, dans la lutte qu'elle soutient contre tous les principes de désordre que la république ne le lui fournisse tout aussi bien qu'elle.

Serait-ce encore parce que sous la monarchie nous aurions deux assemblées, deux chambres législatives au lieu d'une ? Mais une seconde assemblée législative, à supposer qu'elle soit une condition de salut pour la société, n'est pas un avantage que la monarchie puisse offrir à l'exclusion de la république. Il n'est pas essentiel, en effet, à la république de ne posséder qu'une assemblée délibérante, puisqu'il y a des républiques dont la constitution en admet deux, comme on le voit par l'exemple, pour ne citer que celui-là, des États-Unis d'Amerique. Et s'il n'est pas essentiel à la républlque de ne posséder qu'une assemblée délibérante, il n'est donc point particulier à la monarchie d'en posséder plusieurs. Ainsi sous ce nouveau rapport d'une seconde assemblée législative, la monarchie ne peut rien fournir à la société dans la lutte qu'elle soutient contre tous les principes de désordre, que la republique ne le lui fournisse tout aussi bien qu'elle.

Serait-ce, enfin, parce que, sous la monarchie, n'y ayant point de président, de consul, de chef du pouvoir exécutif à élire, les peuples seraient délivrés de la crainte et du péril d'être gouvernés par un homme dont les principes, les théories, les systèmes pourraient être subversifs de tout ordre social ? Mais sous la monarchie qu'il s'agit de rétablir, nous conservons la liberté politique, c'est notre hypothèse, et par conséquent un suffrage quelconque ; sous cette monarchie le pouvoir législatif ne sera donc point confondu avec le pouvoir exécutif, car ce qui distingue la monarchie absolue de la monarchie libérale ou constitutionnelle, dont il est question en cè moment, tout le monde le sait, c'est que sous la première, les deux pouvoirs législatif et exécutif se trouvent réunis et sont exercés par une seule et même personne, tandis qu'ils se trouvent plus ou moins complètement séparés sous la seconde.

Je dis : plus ou moins complètement séparés, parce que dans la fiction de la monarchie constitutionnelle, le roi n'est pas seulement le chef du pouvoir exécutif, mais retient encore, entre ses mains, une partie de la souveraineté, ou si l'on veut de la puissance législative qu'il doit exercer de concert avec les autres corps législatifs.

Or, maintenant, dans toute société ou le pouvoir législatif n'est point confondu purement et simplement avec le pouvoir exécutif, la question de savoir par qui ce dernier pouvoir sera exercé, s'il le sera par un président, par exemple, ou par un roi, est une question qui n'a aucune importance réelle sous le rapport de la conservation et du maintien de l'ordre social, la condition, le salut, le sort des peuples sous ce rapport, dépendant tout entier, dans cette société, de la composition du corps électoral, et, par suite, de la nature des éléments qui entrent dans la composition du corps législatif.

Dans toute société, en effet, de l'espèce dont nous parlons, de deux choses l'une : ou bien l'assemblée législative qui sortira de de l'urne électorale sera une assemblée conservatrice ou bien elle sera une assemblée révolutionnaire, il ne peut y avoir, évidemment, de milieu.

Dans le premier cas, c'est-à-dire si elle est une assemblée conservatrice, tout ira bien, sans doute, sous la monarchie, puisque les deux pouvoirs législatif et exécutif y seront également conservateurs, car le roi est un chef du pouvoir exécutif naturellement conservateur, mais tout ira bien aussi sous la république, car les deux pouvoirs législatif et exécutif y seront également conservateurs. On ne peut contester, en effet, que de la même urne électorale d'où sera sortie une assemblée législative conservatrice ne doive sortir aussi un chef du pouvoir exécutif conservateur, pour qu'il en fut autrement, il faudrait donc admettre que le corps électoral peut vouloir, en même temps, des choses tout à fait opposées et contraires ; il faudrait admettre qn'il peut vouloir, dans l'élection du président, le contraire de ce qu'il a voulu dans celle de l'assemblée législative ; mais une telle contradiction de sentiments et de conduite n'est pas à supposer de la part de tout un peuple, surtout si l'espace de temps laissé entre les deux élections est assez peu considérable pour que les deux pouvoirs sortis de ces deux élections puissent être considérées comme le produit d'une même pensée politique.

Dans le second cas, c'est-à-dire si cette assemblée est une assemblée révolutionnaire, il semble tout d'abord, que tout doive aller moins mal sous la monarchie que sous la république ; car sous la monarchie, l'un des deux pouvoirs constitutionnels, le pouvoir exécutif restera toujours conservateur tandis que sous la république ces deux pouvoirs, pour la raison que nous venons de donner que la nature de l'un doit entraîner inévitablement celle de l'autre, seront révolutionnaires. Mais qui ne voit que cet avantage de la monarchie sur la république n'est qu'un avantage apparent, qui s'évanouit et disparaît tout entier devant la réalité des choses? de quel secours, en effet, le roi, c'est-à-dire un chef du pouvoir exécutif conservateur, quelle que soit d'ailleurs la part de souveraineté qui lui revienne légalement, peut-il être à la cause de l'ordre en face d'une assemblée législative révolutionnaire ? cette assemblée n'est-elle pas réellement maîtresse de la situation ? est-il rien, au monde, qui soit de force à lui faire obstacle, à la détourner de sa voie, à l'empêcher, en un mot, d'accomplir son œuvre ? non, sans doute, il ne faut pas une grande pénétration d'esprit pour le reconnaître ; et l'histoire est là qui confirme pleinement par l'exemple de l'infortuné Louis XVI, l'exactitude et la vérité du sentiment que nous exprimons ; car ce serait se tromper que de croire que le peu de succès que ce prince a eu, dans sa résistance aux excès et aux passions révolutionnaires, doit être attribué aux circonstances toutes exceptionnelles et toutes extraordinaires au milieu desquelles il eut à agir ; dans toute autre situation semblable, on peut le tenir pour très-certain et très-assuré, tout chef du pouvoir exécutif, président ou roi constitutionnel, sera aussi impuissant s'il n'est pas aussi malheureux que lui.

Ainsi, dans le premier cas, dans le cas où l'assemblée qni sortira de l'urne électorale sera une assemblée conservatrice, tout n'ira pas plus mal sous la république que sous la monarchie, le président, autrement dit, ne fera pas moins de bien que le roi.

Dans le second cas, dans le cas où elle sera une assemblée révolutionnaire, tout n'ira pas mieux sous la monarchie que sous la république, le roi, autrement dit, n'empêchera pas plus de mal que le président.

Dans l'un et l'autre cas, donc, il est absolument indifférent, pour la société dont nous parlons, que le chef du pouvoir exécutif soit un président ou un roi.

Or, ces deux cas sont les seuls que l'on puisse rencontrer, donc nous avons eu raison de dire que dans toute société où le pouvoir législatif n'est point confondu purement et simplement avec le pouvoir exécutif, la question de savoir par qui ce dernier pouvoir sera exercé, s'il le sera par un président, par exemple, ou par un roi, est une question qui n'a aucune importance réelle, sous le rapport de la conservation, et du maintien de l'ordre social, la condition, le salut, le sort des peuples, sous ce rapport, dépendant tout entier, dans cette société, de la composition du corps électoral, et, par suite, de la nature des éléments qui entrent dans la composition du corps législatif.

Ainsi, sous ce troisième rapport encore, sous le rapport du péril que peuvent courir les peuples d'être gouvernés par un homme dont les principes, les théories, les systèmes pourraient être subversifs de tout ordre social, la monarchie n'offre pas plus de garanties à la société, dans la lutte que celle-ci soutient contre tous les principes de désordre que la république ; car si nous avons dit, d'un côté, que le roi, sous la monarchie, est un chef du pouvoir exécutif naturellement conservateur (nous accordons peut-être trop, ici, car le nombre des rois pénétrés de l'esprit révolutionnaire, comme le roi d'Italie, par exemple, sera de plus en plus grand, mais notre raisonnement n'en a que plus de force) nous avons fait voir, d'un autre côté, et cela rétablit complètement l'équilibre, que le président sous la république, ne peut jamais appartenir aux idées révolutionnaires que quand l'assemblée législative, elle-même, leur appartient, ce qui peut arriver aussi souvent, si l'on a bien compris, sous l'une que sous l'autre forme de gouvernement, c'est-à-dire que quand le mal étant aussi grand déjà qu'il peut l'être, il est absolument indifférent que le chef du pouvoir exécutif soit un homme à principes conservateurs ou à principes révolutionnaires.

De quelque côté que l'on se tourne, comme l'on voit, sous quelque point de vue que l'on examine la chose, on n'arrive pas à découvrir que la monarchie, la monarchie libérale et constitutionnelle s'entend toujours, ait, sous le rapport de la force et de la solidité qu'elle peut communiquer aux sociétés humaines, aucune supériorité sur la république. Le rétablissement de cette forme de gouvernement ne pourrait donc véritablement rien, pour en revenir à la question que nous avions à résoudre, dans l'état actuel des choses, pour le raffermissement, pour la conservation, le salut de la société. La question de ce rétablissement est donc véritablement, aussi, la question la plus vaine, la plus inutile que l'on puisse agiter de notre temps, en ce sens que sa solution, quand même elle aurait lieu à la satisfaction de ceux qui l'ont soulevée, ne supprimerait pas une seule des difficultés nombreuses qui sont actuellement pendantes, parce que ces difficultés, comme nous l'avons dit, et comme on n'en peut plus douter, après le raisonnement que nous venons de faire, ne viennent pas de l'absence de la monarchie, mais de la présence de la liberté politique.

VI.

S'il en est de la sorte, on ne comprend pas que les partisans de la monarchie veuillent bien prendre tant de peine, et remuer ciel et terre pour arriver à ce résultat puéril que la forme des institutions politiques de notre pays, soit monarchique plutôt que républicaine, quand il est certain que cette forme ne sauverait rien, ne garantirait rien, puisque, au contraire, le gouvernement nouveau, ayant plus d'adversaires, serait dans la proportion plus faible contre les entreprises de la révolution. N'est-ce pas là s'attacher à un fantôme ? n'est-ce pas courir après une ombre vaine ? et cela, quand on y pense, au prix de tant de maux qui découleraient pour la France, de cet inutile et dangereux changement ! Tous ces maux, je les résume en un seul mot, et ils auraient leur source, pour ainsi parler, dans un seul mal, dans la division.

J'ai prononcé le mot de division. Les partisans de la monarchie savent-ils bien que si la France a le malheur d'être un pays divisé, et, par conséquent, voué à la désolation, si la parole de l'évangile est vraie, c'est à eux uniquement qu'elle le doit ? ce n'est point, qu'on le sache bien, parcequ'il y a au milieu de nous, un parti lutionnaire que notre pays est un pays divisé. Il y a dans toutes les contrées de l'Europe qui sont en possession de la vie politique, un parti qui représente et qui soutient les principes révolutionnaires. Ce parti se trouve en même temps contrebalancé et contenu, dans ces contrées, par un parti conservateur bien uni, qui combat avec résolution et avec ensemble ces mêmes principes, on ne dit pas pour cela que ces pays sont des royaumes divisés. C'est qu'en effet, ce sont là les conditions de la vie politique, et non les conditons de la division politique. Un pays n'est divisé politiquement parlant que quand la parti conservateur qui a pour importante mission de tenir tête au parti révolutionnaire, au lieu de rester uni et de s'appliquer tout entier à cette grande œuvre, se partage en plusieurs fractions qui ne s'entendent plus sur certains points particuliers et secondaires (comme celui du choix de la dynastie, ou celui de la forme du gouvernement), et qui à l'occasion de ces points particuliers où ils diffèrent, se font mutuellement la guerre, au détriment de ce grand intérêt de l'existence de la société, qui devrait les posséder uniquement, et qui ne tient plus alors, malheureusement, que la seconde place dans les préoccupations et les calculs de leur esprit.

Voila dans quelles conditions il est vrai de dire qu'un pays est divisé, politiquement parlant, et tombe sous le coup de l'anathème évangélique. Le parti conservateur, en se rangeant tout entier, jusqu'ici, sous les trois bannières monarchiques est l'auteur véritable, nous le répétons, des divisions funestes dont souffre notre pays, divisions qui le conduiraient fatalement, si elles devaient se maintenir, à sa perte.

Comment se fait-il donc, s'il en est ainsi, que les partisans de la monarchie ne craignent pas, en nous causant un si grand mal, de se donner sérieusement pour les sauveurs de la France ?

Les monarchistes, pour se justifier, diraient peut-être, que s'ils font à leur pays un mal immense, c'est pour lui procurer un plus grand bien, comme on pratique une opération douloureuse à un malade, comme on le prive même de quelque membre nécessaire et important, pour lui procurer le bien plus grand de la conservation de son existence. Mais alors, quel est donc ce bien si grand, qu'il serait assez grand pour compenser et au delà le mal que nos divisions nous causent ? où est-il ce bien ? comment se nomme-t-il ? au moins, les partisans de la monarchie sont-ils tenus de nous le faire entrevoir ?

A moins que ce bien que les monarchistes prétendent nous procurer ne consiste à nous delivrer du radicalisme ; mais les partisans de la monarchie se trompent considérablement s'ils croient que la monarchie pourrait opérer cette merveille ; il ne nous sera pas difficile, un peu plus loin, de dissiper, sur ce point, leur singulière illusion.

Si tout ce que nous venons de dire est vrai, il s'ensuit que l'assemblée nationale, en déclarant que la forme actuelle du gouvernement est la forme définitive, en proclamant, autrement dit, la république rendrait un service immense à la société, dans notre pays, en ce sens qu'elle ferait cesser la division qui nous perd. Elle obligerait, en effet, tous les tenants de la monarchie à n'être plus des hommes de parti, puisqu'il n'y aurait plus d'espoir pour aucun parti monarchique, et à ne remplir plus d'autre rôle politique, dans le monde, que le grand rôle de conservateurs. Il n'y aurait plus alors que deux partis, en France, un parti conservateur et un parti révolutionnaire ; nous nous trouverions, par conséquent, dans le cas ordinaire et normal, où doit se trouver toute Société en possession de la liberté politique ; ce serait le commencement du salut.

Mais s'il est nécessaire, et pour des intérêts si graves, de laisser aux institutions politiques de notre pays la forme républicaine, comment se fait-il que ce mot de république sonne encore si mal aux oreilles de beaucoup de personnes, dans la société, parmi celles qui favorisent le plus la cause des intérêts et des principes conservateurs? pourquoi ce préjugé défavorable de la part de ces personnes? d'où leur vient leur inexplicable et malheureuse aversion ?

Toutes les fois que nous adressons cette question et à qui que ce soit que nous l'adressions, on nous répond toujours de la même manière, on nous dit toujours : ce que vous ne comprenez pas s'explique très-bien. La république de quatre-vingt-treize a fait tant de mal que les honnêtes gens de notre pays, ont conçu, depuis ce temps-là, un certain sentiment d'horreur, dont ils n'ont encore pu se défaire, pour cette forme de gouvernement.

Cette réponse ne nous parait pas satisfaisante ; elle n'est pas solide ; elle prouve que ceux qui la font n'ont point usé suffisamment de leur faculté de raisonner, et qu'il règne dans leur esprit, sur ce point particulier de politique, une étrange confusion. Essayons de démêler le vrai du faux dans cette importante question, et de dissiper, par conséquent, cette confusion.

Ce n'est pas la république, répondrons-nous, qui a été cause des excès de quatre-vingt-treize, c'est la révolution ; on ne peut donc pas mettre ces excès sur son compte, comme on ne peut pas mettre sur le compte de la monarchie les excès de la Saint-Barthélémy.

Ce qui a causé les excès de la Saint-Barthélémy, c'est le fanatisme religieux ; ce qui a causé les excès de quatre-vingt-treize, c'est le fanatisme révolutionnaire ; deux choses également funestes et détestables, mais la monarchie et la république sont bien innocentes de tous ces crimes.

Les rois qui ont trempé leurs mains dans le sang de la Saint-Barthélémy ne les y ont donc pas trempées comme rois mais comme catholiques fanatisés ; et les républicains qui ont trempé leurs mains dans le sang de quatre-vingt-treize, ne les y ont donc pas trempées non plus comme républicains, mais comme révolutionnaires fanatisés.

S'il en est ainsi, la Saint-Barthélémy n'est donc pas un quatre-vingt-treize monarchique, ainsi qu'on l'a prétendu, comme quatre-vingt-treize n'est pas une Saint-Barthélémy républicaine.

Ce qui revient à dire, pour exprimer notre pensée d'une autre manière, que les excès de la Saint-Barthélémy pouvaient avoir lieu sous une république, comme les excès de quatre-vingt-treize pouvaient avoir lieu sous une monarchie.

La révolution, en effet, peut faire du mal sous la monarchie comme sous la république ; nous n'avons pas besoin, pour en avoir la preuve, de sortir de notre temps et de nous éloigner de notre voisinage. Est-ce que la révolution, aux yeux des légitimistes surtout, ne fait pas beaucoup de mal en Italie ; or, ce mal ne se fait-il pas sous un gouvernement monarchique ? et en France n'y avait-il pas sous le second empire un prince tout pénétré d'instincts et de sentiments révolutionnaires, et qui pouvait être appelé au trône en vertu du principe de l'hérédité monarchique? Ce prince, les conservateurs ne craignaient-ils point par dessus tout, son avènement parce qu'ils savaient bien que la révolution ferait beaucoup de mal sous son règne ?

Si le mal révolutionnaire peut se faire sous la monarchie comme sous la république, d'où vient que l'on conclut du mal révolutionnaire qui se fait sous la république, contre la république ; et que l'on ne conclut pas du mal révolutionnaire qui se fait sous la monarchie, contre la monarchie? Pourquoi ces deux poids et ces deux mesures ?

A côté du mal révolutionnaire qui se fait en Italie, de notre temps, sous la monarchie, on peut placer la conduite anti-révolutionnaire et conservatrice des deux derniers gouvernements républicains que la France a eus.

Pourrait-on dire quel mal révolutionnaire faisait la seconde république, la république de Février mil huit cent quarante-huit, que l'on a laissé renverser ? elle avait été au secours du pape, et elle avait augmenté le traitement du clergé.

Pourrait-on dire aussi quel mal révolutionnaire fait en ce moment la troisième république, la république de Septembre mil huit cent soixante-dix ? elle a exterminé la Commune. Ne devrait-il pas suffire, d'ailleurs, aux conservateurs, pour leur donner de l'attrait pour la république, et de l'éloignement pour la monarchie, s'ils mettaient au premier rang de leurs préoccupations le grand intérêt de l'existence de la société, s'ils étaient, autrement dit, des conservateurs dans toute la force du terme, ne devrait-il pas leur suffire de considérer que les grandes insurrections réusissent toujours sous la monarchie, témoin les deux insurrections qui ont fait tomber Charles X et Louis-Philippe, tandis qu'elles échouent toujours sous la république, témoin la formidable insurrection de Juin mil huit cent quarante-huit, et la dernière insurrection de la commune ? quelle monarchie eut été assez forte pour venir à bout de ces deux grands et épouvantables mouvements populaires ?

On nous dira, peut-être, que les républicains proprement dits, les républicains de la veille, comme on les a nommés, sont tous ou à peu près des révolutionnaires, et que la république, par conséquent, ne peut rien valoir parce qu'elle ne peut être que révolutionnaire.

Quand il serait vrai, répondrons-nous, que la plupart des républicains connus sont des révolutionnaires, cela ne prouverait rien du tout contre la république. Comment s'étonner, en effet, s'il n'y a guère eu, jusqu'ici, que des partisans de la révolution qui aient accepté la république, de ne trouver guère, non plus, parmi les républicains que des révolutionnaires? il est bien clair qu'il n'en saurait être, de toute nécessité logique, autrement. Quand les conservateurs n'attribuant plus à la république un danger qu'elle n'a pas, auront eu le bon sens, et le patriotisme d'accepter cette forme de gouvernement, la république sera la république de tout le monde, et quand la république sera la république de tout le monde, elle ne sera pas plus révolutionnaire que tout le monde.

A moins que l'on ne prétende que du moment, et que de cela seul que l'on admet la république, on a son être intellectuel nécessairement transformé, et que de conservateur déclaré que l'on était auparavant, on devient tout à coup révolutionnaire ardent, mais qu'y aurait-il de plus absurde qu'une telle prétention ?

VII.

Comment pouvez-vous dire, nous objectera-t-on peut-être (et c'est là l'éternelle objection) que la république n'offre aucun danger; n'est-il pas visible, au contraire, que la république actuelle, toute conservatrice qu'elle est, nous mène irrésistiblement, fatalement à la république radicale ?

Il est visible pour nous, comme pour tout le monde, répondrons-nous, que nous allons sous le gouvernement actuel au radicalisme, mais ce n'est point parce que ce gouvernement est républicain ; nous y marcherions tout aussi sûrement et tout aussi rapidement sous la monarchie.

Peut-on admettre, en effet, que les personnes qui actuellement préfèrent, dans les élections, porter leurs suffrages sur les candidats radicaux ou socialistes, cesseront tout-à-coup de le faire, parce que le chef de l'État s'appellera roi au lieu de s'appeler président? il faut une bien grande simplicité d'esprit pour le croire.

J'ai dit : tout aussi sûrement et tout aussi rapidement ; j'aurais dû dire : bien plus sûrement et bien plus rapidement, puisqu'en effet, sous la monarchie l'obstacle que le parti conservateur peut opposer au progrès de la révolution est moins puissant que sous la république, pour la raison que sous la monarchie ce parti est divisé tandis qu'il est parfaitement uni sous la république.

La monarchie n'est donc pas une force, elle est bien plutôt un affaiblissement pour le parti conservateur dans la lutte qu'il soutient contre le radicalisme.

A moins que l'on ne dise que les monarchistes se proposent une fois la monarchie proclamée et rétablie, et comme conséquence de ce rétablissement, de mutiler le suffrage universel, de le diminuer, de le réduire d'une manière plus ou moins considérable ; à cela nous avons deux choses à répondre.

Nous disons, d'abord, que si le pays est disposé à laisser réduire le nombre de ses électeurs, il laissera faire la chose aussi bien sous la république conservatrice que sous la monarchie, il n'y a aucune raison de croire le contraire ; or, dans ce cas, il restera toujours, à la république sur la monarchie, cet avantage que sous la république le parti conservateur sera plus uni, comme nous venons de le dire, et par conséquent plus puissant pour le bien ; mais nous avons une autre chose à dire.

On se trompe singulièrement si on croit que la réduction, même dans des proportions considérables, du suffrage universel, aurait une véritable efficacité pour empêcher l'avènement du radicalisme. Supposez que le nombre des électeurs soit réduit de la moitié, des trois quarts, des cinq sixièmes, si l'on veut, le résultat des premières élections qui auront lieu, sans doute, sera moins socialiste, puisque le corps électoral ne sera plus composé que de gens qui possèdent quelque chose, mais il sera encore aussi radical, il sera même plus radical.

Nous supposons que le lecteur connait bien en quoi le socialisme et le radicalisme diffèrent ; nous pouvons le rappeler.

Ce qui est menacé, ce qui périclite sous le régime du socialisme, c'est surtout la propriété ; ce qui est mis en péril, ce qui est menacé sous celui du radicalisme, ce n'est pas la propriété, c'est la société.

Le socialisme, en d'autres termes, ne va pas précisément à

détruire toute société, mais à transformer les sociétés telles que nous les voyons exister, et qu'elles ont toujours existé, apparemment, depuis le commencement du monde, en sociétés communistes.

Le radicalisme, lui, va directement à détruire la société, en ce sens que ce qui constitue son caractère propre et intime, ce qui fait le fond de sa nature, c'est la négation des trois grandes conditions d'existence que nous avons admises (dans notre livre *Des Principes*) pour toute société humaine.

Il suit de là que le radicalisme est bien plus dangereux que le socialisme de tout ce que la destruction d'une chose a un caractère plus fâcheux, plus malheureux que son simple changement en mal.

Il ne faut donc pas s'étonner s'il y a tant de riches qui donnent dans les idées radicales, puisque les conséquences du radicalisme ne vont pas à la ruine de la propriété ; il suffit, pour porter à cette opinion politique, de ne pas comprendre du tout, d'ignorer complétement quelles sont les conditions d'existence pour toute société humaine.

Mais il y aurait bien plus de riches radicaux encore, si le radicalisme ne se présentait pas accompagné plus ou moins du socialisme, comme il le fait nécessairement sous l'empire du suffrage universel absolu ; le socialisme, en effet, étant fort à craindre pour tous ceux qui possèdent.

Nous avons donc raison de dire que si le suffrags universel était mutilé, s'il était diminué, réduit, d'une manière considérable, dans des proportions telles, par exemple, que l'avènement du socialisme ne fut plus possible, le résultat des élections qui auraient lieu sous l'empire de ce suffrage restreint serait encore plus radical.

Ainsi, d'après ce que nous venons de dire, le grand moyen que les monarchistes, une fois la monarchie proclamée et rétablie se proposent d'employer, pour empêcher l'avènement du radicalisme, serait tout-à-fait vain, tout-à-fait inutile et impuissant.

Il n'y a donc aucun moyen, pour la société, nous dira-t-on, d'échapper au danger que le radicalisme lui fait courir.

Il n'y en a aucun, répondrons-nous, parmi tous ceux dont on parle, et que l'on se propose d'employer. Non, ni le rétablissement de la monarchie, ni la réduction du suffrage universel, ni la suppression même de tout suffrage politique, ni le système de concessions et de faiblesses envers les radicaux, qui était le système du premier président de la république, ni celui de la compression et des rigueurs que paraît avoir adopté le second président, rien n'y peut faire, ce ne sont là que de vains et impuissants palliatifs. L'avènement du radicalisme est inévitable, parce que sa force est irrésistible, et sa force est irrésistible parcequ'elle est divine ; je m'explique.

Nous avons dit quelque part (dans le livre *Des Principes*), d'un côté, que l'idée démocratique n'est pas du tout une idée révolutionnaire ; que le système de la démocratie, en politique, est un système vrai, nécessaire et indispensable à toute nation civilisée et mûre, qui est de nature spirituelle, ou si l'on veut, de race greco-latine, pour pouvoir s'élever au plus haut degré de développement intellectuel et moral, dont elle est susceptible, et surtout pour ne pas tomber dans le grand écueil. dans l'abîme de la dissolution sociale ou de la décadence.

Nous avons dit, d'un autre côté, que ce plus haut degré de développement intellectuel et moral, dont certains peuples, quand leur heure est venue, sont susceptibles (et l'heure est venue pour notre nation sous ce rapport), il est dans les desseins de Dieu qu'ils l'atteignent.

S'il en est de la sorte, il est donc certain que le parti qui, parmi nous, en politique, représente les opinions, les idées, les doctrines démocratiques ; qui en aime, qui en soutient et favorise le développement ; qui essaie de leur faire porter tous leurs fruits par l'établissement de certaines institutions particulières ; que ce parti, disons-nous, si peut méritant que puisse être d'ailleurs, intellectuellement et moralement parlant, chacun des membres dont il se compose, aura le secret appui, le concours favorable de la divine Providence, et aussi la force qui résulte nécessairement de cet appui.

Or, maintenant, le parti conservateur, parmi nous, ne comprend rien, n'entend rien aux idées démocratiques ; il ne les aime pas, ne les soutient, ne les favorise pas; il les regarde, au contraire, comme des idées absurdes, impraticables et dangereuses, en un mot, comme des idées révolutionnaires, partant de ce faux et insoutenable principe, source de beaucoup d'erreurs en politique : que tout ce qui vient des révolutionnaires, car les idées démocratiques en viennent, est révolutionnaire, et, par conséquent, essentiellement mauvais.

Le parti radical, aime, au contraire ; il défend et soutient le système de la démocratie ; il essaie, par tous les moyens à sa disposition, d'en propager partout, d'en répandre le goût, et il voudrait que ce système engendrât toutes les conséquences, et portât tous les fruits qu'il est de sa nature et de son essence de produire.

Le parti conservateur, si ce que nous disons est vrai, doit donc diminuer et s'affaiblir de plus en plus ; il doit avoir, de plus en plus, le dessous, dans la lutte qu'il soutient contre le parti radical.

Le parti radical, au contraire, dans cette même lutte, doit se fortifier de plus en plus, doit grandir et prospérer dans la même proportion.

Et c'est, en effet, ce que l'on voit, toutes les fois que des élections nouvelles ont lieu, on voit le parti conservateur, dans ces élections, reculer toujours, et le parti radical avancer toujours.

Il est de toute impossibilité logique qu'il en soit autrement.

Nous avons donc eu raison de dire, plus haut, que la force du radicalisme est divine, au sens que nous donnons ici à ce mot, que sa force étant divine et irrésistible, et que sa force étant irrésistible, son avènement, dans un temps donné, est inévitable.

Il y a, dans le radicalisme, comme l'on voit, deux côtés qu'il ne faut pas confondre : il y a le côté démocratique et le côté révolutionnaire ; par le côté démocratique le radicalisme est divin, comme nous venons de le dire, par le côté révolutionnaire il est satanique.

Ce double caractère du radicalisme d'être tout à la fois divin et satanique explique ses défaites continuelles, et ses succès toujours renaissants.

Les personnes qui ne veulent point recevoir l'explication que nous donnons ici, sont obligées de concevoir une bien pauvre et bien triste idée de l'action de la Providence divine, dans le gouvernement des choses de ce monde.

Quand nous disons qu'il n'y a aucun moyen, pour la société,

d'échapper au danger que le radicalisme lui fait courir, nous prions le lecteur de remarquer que nous ajoutons ces paroles : parmi tous ceux dont on parle et que l'on se propose d'employer.

C'est qu'en effet, nous connaissons pour prémunir la société contre les dangers du radicalisme, un moyen aussi puissant que simple, un moyen dont on ne parle pas et que l'on ne se propose pas d'employer, ce moyen ce serait que le parti conservateur, entrant généreusement et habilement dans l'idée démocratique, puisque les deux idées démocratique et conservatrice ne s'excluent pas, accomplirait lui-même les modifications, les changements, les réformes, établirait, en un mot, les institutions politiques nouvelles (je veux parler de celles qui ne sont que démocratiques et qui n'ont rien de révolutionnaire) que le parti radical se donne la mission de soutenir et de réaliser dans le monde.

Il est certain alors que le parti radical perdrait tout-à-coup sa valeur, sa solidité, sa force ; il cesserait même d'exister, n'y ayant plus pour lui, cela se conçoit, de motif, de raison d'existence.

Ou s'il ne cessait pas d'exister, car il ne peut vraiment pas mourir, il se trouverait réduit à un tel état de faiblesse et d'impuissance que son avènement passager en serait reculé pour quatre-vingts ans et plus peut-être.

Il y a dix ou douze mesures ou institutions nouvelles qui sont ou simplement démocratiques, ou tout à la fois démocratiques et révolutionnaires, que le parti radical s'appliquerait à établir s'il était en situation de le pouvoir faire, que le parti conservateur pourrait réaliser lui-même, après leur avoir ôté leur venin révolutionnaire si elles en ont, et dont l'établissement aurait cette vertu, dont nous parlons, d'anéantir ou de réduire à l'impuissance le radicalisme, pour un temps considérable.

Je citerai, pour exemple, une seule de ces mesures ou institutions nouvelles, dont il est ici question, je citerai celle qui figure en tête du programme radical ou révolutionnaire, je veux parler de l'instruction gratuite, obligatoire et laïque.

Pourquoi le parti conservateur ne voit-il pas qu'il y a, dans l'instruction gratuite, obligatoire et laïque, deux choses bien différentes, une chose tout-à-fait salutaire, excellente , et une chose au même degré funeste et détestable.

Que l'instruction soit gratuite et obligatoire, c'est là le côté démocratique, le côté divin de la question ; cette instruction gratuite et obligatoire est une bonne et excellente chose. En effet, l'instruction est le pain de l'âme, comme le pain est la nourriture du corps. Tout ce que l'on a dit contre la diffusion de l'instruction primaire, qui est celle que l'on a principalement en vue, est un pur sophisme ; mais ce n'est pas ici le lieu de soutenir cette thèse.

Que l'instruction gratuite et obligatoire soit laïque, c'est là le côté révolutionnaire, le côté satanique de la question. Ce caractère laïque de l'instruction est une chose évidemment mauvaise. En effet, si le peuple a besoin d'être instruit a-t-il besoin d'être irréligieux et impie ? L'intérêt du parti conservateur, aussitôt qu'il sera véritablement éclairé sur ce point considérable et essentiel, c'est donc de dire, en substence, au parti radical : nous acceptons votre instruction gratuite et obligatoire ; c'est une mesure qui est démocratique sans être révolutionnaire, or, nous ne combattons pas la démocratie ; mais si comme révolutionnaires vous la voulez laïque, comme conservateurs nous devons la vouloir religieuse, non pas en ce sens que tous ceux qui la donneront seront des religieux, mais en ce sens que tous ceux qui la donneront seront ou des religieux ou des laïques religieux, c'est-à-dire des laïques ne se permettant jamais rien dans leurs écrits, leurs discours, ou leurs actes qui soit de nature à nuire à la religion dans l'esprit des enfants ou des peuples.

Ce que nous disons ici de l'instruction gratuite obligatoire et laïque, nous le disons de toute autre mesure ou institution nouvelle que le parti radical soutient et favorise. Que le parti conservateur examine ces institutions ; qu'il fasse un juste discernement de ce qu'elles ont de purement démocratique, et qu'après les avoir séparées de leur venin révolutionnaire, 'si elles en renferment, il ne craigne pas de les adopter ; par là il affaiblit, il ruine et anéantit le parti radical, ou du moins il recule indéfiniment son avènement passager.

Si le parti conservateur ne tient pas cette conduite, le parti radical arrivera, malgré tous les moyens que l'on essaiera d'employer pour l'éloigner, dont le principal est le rétablissement de la monarchie ; car ce parti, s'il est vrai de dire qu'il représente la révolution, représente aussi la démocratie , c'est-à-dire un ensemble d'idées devenues justes et nécessaires, par la disposition particulière et la circonstance des temps, et auxquelles appartient par conséquent, l'avenir, chez les races greco-latines.

VIII.

La république vaut-elle mieux que la monarchie, ou la menarchie que la république ?

Voilà une question que je n'ai jamais pu comprendre ; je veux dire que je n'ai jamais compris que l'on se donnât la peine de la poser ; elle me paraît si facile à résoudre et si simple que l'esprit du premier enfant venu, selon moi, y peut suffire. Comment se fait-il cependant que cette questien soit en possession de désunir et de passionner, à un si haut degré, les humains ? Il faut qu'il règne à ce sujet, dans les esprits, une bien grande confusion.

Demander si la république vaut mieux que la monarchie ou la monarchie que la république me paraît aussi fort que de demander si les vêtements chauds et lourds valent mieux que les vêtements frais et légers.

Il est certain qu'il n'y a pas d'enfant, pour peu intelligent et développé qu'on le suppose, qui ne soit capable de répondre, et qui hésiterait a répondre que les vêtements chauds et lourds valent mieux en hiver, et les vêtements frais et légers en été, ce qui serait répondre, comme de juste, qu'ils ne valent pas mieux absolument parlant les uns que les autres.

Nous ferons à propos de la république et de la monarchie la même espèce de réponse ; nous dirons naïvement que la monarchie vaut mieux dans les siècles monarchiques, et la république dans les siècles républicains.

Mais alors, me dira-t-on, vous admettez donc qu'il y a des siècles monarchiques et des siècles républicains dans la vie des peuples , il faudrait l'établir ; c'est, répondrons-nous, ce que nous allons faire.

La politique est une science exacte ou du moins susceptible de devenir exacte, à autant de titres que toutes les sciences physiques et naturelles, que les mathématiques, par exemple, ou la géométrie. D'où vient cependant qu'il n'y a nulle part si peu d'entente ; que les hommes sont tellement partagés à son endroit, que l'on peut dire qu'il y a sur toutes les questions un peu importantes qu'elle renferme, pour ainsi dire, autant d'opinions que de têtes ? Cela vient de ce que les premiers principes, dans cette science, car toute science exacte a des premiers principes qui sont les points fondamentaux sur lesquels elle repose, c'est que les premiers principes, en politique, n'ont jamais été nettement définis, et véritablement posés.

Le premier principe, sans la connaissance duquel on ne fera jamais que patauger en politique, c'est que la vie d'un peuple est absolument semblable à celle d'un homme en particulier ; qu'il y a dans l'une comme dans l'autre vie, un commencement, une fin, et différents âges que l'on appelle enfance, jeunesse, mâturité, vieillesse, décrépitude. On a peut-être bien reconnu vaguement ce principe dans tous les temps, mais on ne l'a jamais reconnu en ce sens que l'on n'en a jamais retiré les conséquences qu'il renferme.

Le second principe essentiel qu'il faut reconnaître, en politique, c'est que de même qu'un homme n'est pas le même être, moralement parlant, aux différentes époques de sa vie, à tel point que ce qui lui est agréable ou nécessaire, en un temps, cesse tout-à-fait de l'être en un autre, de même un peuple n'est pas du tout le même peuple selon qu'il traverse telle ou telle période, ou telle ou telle autre, dans la durée de son existence.

Le troisième principe essentiel qu'il faut reconnaître encore, lequel évidemment découle du précédent ; c'est qu'un peuple n'étant pas le même peuple pendant toute la durée de son existence, ne peut pas recevoir et conserver toujours les mêmes institutions.

Voila les trois principes sans la connaissance desquels il est absolument impossible de rien entendre en politique.

Mais si les mêmes institutions politiques ne sont pas applicables à un même peuple, pendant les différents âges qu'il traverse, quelles sont donc celles, me dira-t-on, qui reviennent à chacun de ces âges en particulier ?

Il y a trois natures d'institutions politiques ; il y a des institutions de nature autocratique, des institutions de nature aristocratique, et des institutions de nature démocratique.

Il y a deux formes d'institutions politiques ; il y a des institutions de forme monarchique, et des institutions de forme républicaine.

Nous avons dit plus haut, qu'il y a cinq phases, cinq périodes dans la durée de l'existence d'un peuple, comme daus l'existence de l'homme en particulier, lesquelles sont désignées dans l'un comme dans l'autre cas, sous les noms particuliers d'enfance, de jeunesse, de maturité, de vieillesse et de décrépitude ; ces cinq phases, au fond, se réduisent à trois.

En effet, la période que l'on appelle jeunesse comprend celle que l'on appelle enfance, car ce qui est à dire de l'une est à dire à peu de chose près de l'autre ; il n'y a entre elles que des différences de plus à moins.

La période que l'on appelle vieillesse comprend aussi celle que l'on appelle décrépitude, car ce qui est à dire de l'une est à dire également à peu de chose près de l'autre ; il n'y a entre elles non plus que des différences de plus à moins.

Entre ces deux périodes de la jeunesse et de la vieillesse des peuples se trouve placée celle que l'on appelle maturité.

Cela posé, nous ne craignons pas d'avancer, comme la chose du monde la plus positive et la plus certaine, d'un côté, qu'il n'a jamais existé de peuple, n'en déplaise aux républicains, qui n'ait été ou fini par être soumis, pendant le cours de sa jeunesse ou de sa vieillesse à des institutions monarchiques.

La monarchie dont il est ici question, c'est la monarchie pure, la monarchie absolue ou autocratique, la vraie monarchie.

Nous ne craignons pas d'avancer, d'un autre côté, qu'il n'a jamais existé de peuple, n'en déplaise aux monarchistes, qui n'ait été, ou fini par être, pendant le cours de sa maturité, en possession d'institutions républicaines.

Voilà pour ce qui regarde les deux formes d'institutions politiques que nous avons admises ; quant à ce qui regarde les trois natures nous ne serons pas moins affirmatif.

Nous rappellerons d'abord (comme nous l'avons établi dans notre livre *Des principes*) qu'il y a deux sortes de nations civilisées et mûres. Il y a les nations sérieuses et les nations spirituelles ; ou, si l'on veut, les nations de race teutonique et les nations de race greco-latine.

Cela dit, nous ne craignons pas d'avancer encore, comme la chose du monde la plus positive et la plus certaine, d'un côté, qu'il n'a jamais existé de peuple de nature spirituelle ou de race greco-latine, n'en déplaise aux partisans de l'aristocratie, qui, une fois parvenu à l'époque de sa maturité, n'ait été, ou fini par être, en possession d'institutions démocratiques.

Nous ne craignons pas d'avancer, d'un autre côté, qu'il n'a jamais existé de peuple sérieux ou de race teutonique, n'en deplaise aux partisans de la démocratie, qui, une fois parvenu à l'époque de sa maturité, n'ait été ou fini par être en possession d'institutions aristocratiques.

Quant à la nature autocratique des institutions politiques, elle est la part, le lot, comme nous venons de le dire, des nations qui n'ont pas encore atteint ou qui ont dépassé l'époque de la maturité.

Voilà pour ce qui regarde les trois natures d'institutions politiques que nous avons admises.

On peut prouver la vérité de toutes les assertions que nous venons d'émettre, le récit à la main des faits ou évènements historiques les mieux établis.

Nous prions le lecteur de remarquer qu'après avoir dit plus haut quatre fois ces mots : *n'ait été*, nous avons ajouté quatre fois ces autres mots : *ou fini par être*, c'est qu'en effet, les peuples ne sont pas toujours, immédiatement, en possession des institutions politiques particulières à la période à laquelle, dans la durée de leur existence, ils sont parvenus. Ils se trouvent parfois avoir des institutions monarchiques dans des siècles républicains, ou des institutions républicaines dans des siècles monarchiqnes. Ces institutions ou républicaines ou monarchiques sont alors, cela se conçoit, pour ces peuples, des institutions détestables. De là des troubles profonds, et une agitation perpétuelle qui peuvent durer pendant tout un siècle, et qui ne cesseront que quand la république ou la monarchie, selon le cas, aura pris finalement le dessus. Que de troubles dans la société romaine, vers les temps de Jules-César, pour passer des institutions de la République aux institutions de l'Empire ! Que de troubles aussi dans la société française depuis quatre-vingts ans, pour passer des institutions monarchiques du passé aux institutions républicaines de l'avenir !

On peut comparer les institutions contre-nature, pour ainsi parler, dont les peuples sont en possession dans les cas dont il s'agit, à ces corps étrangers qui s'introduisent dans notre économie, et qui y entretiennent un état morbide, qui ne cessera que quand ils en auront été chassés, par une réaction, de la part de cette économie, énergique et puissante.

Tous les exemples de mauvaises républiques que l'on pourrait citer (comme les républiques actuelles de l'Amérique du Sud, si elles sont aussi mauvaises qu'on le dit, ou comme les républiques italiennes du Moyen-Age), sont, sans doute, on en acquerrait facilement la preuve, si on voulait examiner attentivement la chose, des exemples de républiques établies dans des siècles monarchiques.

Tous les exemples, d'un autre côté, de mauvaises monarchies que l'on pourrait citer (comme les quatre monarchies que nous avons eues depuis quatre-vingts ans, lesquelles ont été, pour nous, à différents titres, de mauvaises monarchies), sont, sans doute aussi, des exemples de monarchies établies dans des siècles républicains ; mais ne poussons pas plus avant, sur ce sujet, en ce moment.

Ainsi, pour nous résumer, pendant qu'il traverse, dans la durée de son existence, l'époque de la jeunesse ou de la vieillesse, il faut absolument qu'un peuple, pour accomplir sa destinée, vive sous le régime de la monarchie pure, de la monarchie absolue ou autocratique ; mais quand il est devenu grand, quand il a atteint, sans la dépasser, l'époque de la maturité, alors commence, pour ce peuple, une situation politique tout-à-fait nouvelle. Il lui faut pour pouvoir atteindre à tout le degré de développement intellectuel et moral, dont il est susceptible, recevoir des institutions libres et républicaines, soit aristocratiques, soit démocratiques, selon qu'il est devenu une nation sérieuse ou une nation spirituelle, et cette règle dont nous proclamons la nécessité indispensable, est de celles qui ne souffrent aucune exception absolument.

Mais voici venir une grosse objection, laquelle heureusement, est aussi facile à résoudre, en réalité, qu'elle est difficile en apparence.

Vous dites, m'opposera-t-on, que les peuples qui sont parvenus, dans la durée de leur existence, à l'époque de la maturité, sont toujours en possession de la république, comment se fait-il donc que telles ou telles nations de notre Europe, qui sont depuis longtemps, déjà, civilisées et mûres, vivent sous des institutions monarchiques, les gouvernements de ces nations, vous le savez, sont des monarchies constitutionnelles, ce fait n'est-il pas en contradiction manifeste avec ce que vous dites ?

Pas le moins du monde, répondrons-nous ; ce qui fait votre erreur, c'est que vous prenez les monarchies constitutionnelles pour des monarchies, tandis que je les prends, moi, pour des républiques.

Les monarchies constitutionnelles, en effet, n'ont de la monarchie que la forme, le fond de ce gouvernement est absolument républicain, car sous la monarchie constitutionnelle, comme sous la république proprement dite, il y a ce qui constitue l'essence de la république, c'est-à-dire : gouvernement du pays par le pays ; or, c'est bien plutôt le fond que la forme qui devrait donner le nom aux choses.

Les anciens avaient bien plus de sens que les modernes sous ce rapport, car les rois héréditaires qui existaient à Sparte ne les ont pas empêchés de donner aux institutions de cet état le nom de républicaines. Le mot de république de Sparte, en effet, est bien plus commun dans l'histoire que celui de monarchie de Sparte.

Les monarchies constitutionnelles sont donc des monarchies républicaines, sont de vraies républiques, des républiques dans toute la force du terme, et je ne me lasse point d'admirer le petit esprit, et le manque absolu de sens politique, dont font preuve tant de personnes qui, craignant la république, s'imaginent y échapper en se réfugiant dans la monarchie constitutionnelle, comme si ce n'était pas une même chose. Quelle différence y a-t-il donc entre elles ? de ce que sous la monarchie constitutionnelle il n'y a point de chef du pouvoir exécutif à élire, parce qu'il est tout élu par sa position, vous vous croyez sauvés, mais la chose difficile, importante, essentielle, ici, n'est-ce pas l'élection de l'assemblée ou des assemblées législatives, et cette élection ne sera-t-elle pas la même, c'est-à-dire n'aura-t-elle pas le même caractère salutaire ou funeste, quand elle doit l'avoir, sous l'une que sous l'autre forme de gouvernement ?

Pour que la monarchie constitutionnelle valut nécessairement mieux que la république de même nature, il faudrait que les chefs de l'état, sous cette monarchie, dussent valoir nécessairement mieux que les chefs de l'état sous la république ;. or, c'est précisément le contraire qui a lieu.

Le grand avantage, en effet, l'éternel avantage de la république sur la monarchie, dans les siècles républicains, c'est que sous la république, le chef de l'état étant désigné par l'élection, sera, en règle générale, un homme supérieur, intellectuellement et moralement parlant, tandis que sous la manarchie constitutionnelle, ce chef étant fourni par l'hérédité, sera souvent un homme sans lumière, sans capacité, sans valeur morale. La raison en est que dans les temps de grande corruption sociale, comme ceux où nous vivons, que cette corruption soit celle de la civilisation ou celle de la décadence (nous avons fait voir dans notre livre *Des Principes* la différence qui existe heureusement entre la première et la seconde) le choix, l'élection, en toute chose, est un principe salutaire, et l'hérédité un principe funeste.

Ainsi, pour en revenir à ce que nous disions plus haut, il y a, dans la vie des peuples, des siècles républicains et des siècles monarchiques. Les siècles républicains, c'est-à-dire les siècles où la monarchie a plus d'inconvénients que d'avantages, sont ceux qui s'écoulent depuis la fin de leur jeunesse jusqu'au commencement de leur vieillesse ; et les siècles monarchiques, c'est-à-dire les siècles ou la république a plus d'inconvénients que d'avantages, sont ceux qui remplissent les autres périodes de leur existence.

Le lecteur peut voir, maintenant, d'où vient l'espèce de gâchis, le tohu-bohu, le chaos incroyable qui règne dans les esprits, depuis quatre-vingts ans, non-seulement parmi nous, mais encore chez les différents peuples de notre Europe, sur le terrain de la politique. Il vient de la confusion qu'y a fait naître et qu'y entretient l'ignorance de cette vérité : qu'il y a dans la vie des peuples, comme dans celle des particuliers, différents âges, différentes périodes bien caractérisées et bien tranchées, qui font des mêmes peuples, à certains moments donnés de leur développement, des peuples de nature non-seulement différente, mais encore tout-à-fait opposée et contraire. Les hommes généralement s'attachent à des opinions politiques très-vraies pour tel pays, tel temps, tel peuple ; mais ces opinions vraies ils les croient vraies d'une vérité absolue, c'est-à-dire vraies pour tous les pays, tous les temps, tous les peuples, et c'est en cela qu'est leur erreur profonde. Aussi voyez, en ce moment, parmi nous, les monarchistes, par excellence, les légitimistes ; ils ont une idée très-juste. Ils pensent que la monarchie a fait très-bien les affaires de la France pendant treize ou quatorze siècles ; que cette monarchie a été le meilleur gouvernement que notre pays eut pu avoir pendant ce long espace de temps ; en cela ils ne se trompent point. Mais de ce que la monarchie a été bonne, et a duré si longtemps parmi nous, ils concluent qu'elle ne peut que continuer d'être bonne, et doit être conservée indéfiniment ; c'est en cela qu'ils se trompent. L'erreur des monarchistes consiste à penser que ce qui a été bon, que ce qui a été salutaire et heureux dans un temps, ne peut pas devenir funeste et malheureux dans un autre. Que de livres, que de discours, que de raisonnements où ils s'appuient principalement sur ces quatorze siècles de monarchie plus ou moins tranquille et heureuse, pour essayer de ramener notre peuple vers les institutions anciennes comme à la seule source pour lui, de toute félicité, de toute grandeur, de toute prospérité nationales. En dehors de ces institutions, vous diront-ils, la France ne retrouvera plus cette longue série de siècles qu'elle a vus s'écouler, pour ainsi parler, sans troubles et sans agitations politiques. Je le crois aussi bien qu'eux. Mais elle ne les retrouverait pas non plus ces siècles de tranquillité avec les institutions anciennes, parce que la situation heureuse que l'on se plaît à rappeler, *ne tenait pas*, que le lecteur pèse bien ces paroles : *ne tenait pas à ces institutions.* Ce n'est pas, voulons-nous dire, parce que le principe de l'hérédité monarchique les protégeait que nos sociétés modernes ont déjà tant duré, c'est, au contraire, parce que les peuples ne faisant encore que traverser l'époque de leur enfance ou de leur jeunesse, n'avaient pas encore atteint ce développement complet de toutes leurs facultés, qui leur rend la vie politique et l'agitation de même nature nécessaires et inévitables, que le principe monarchique a pu se maintenir si longtemps. La longue tranquillité des peuples, en d'autres termes, pendant les premiers siècles de l'existence des sociétés, ne vient pas du principe monarchique, c'est la longue tranquillité des rois, au contraire, qui vient de la situation politique particulière des peuples, pendant ces mêmes siècles ; on prend ici, comme toujours, l'effet pour la cause.

IX.

Il faut qu'il y ait bien des traits de ressemblance entre les peuples qui traversent, dans la durée de leur existence, l'époque de l'enfance ou de la jeunesse, et ceux qui sont parvenus à celle de la vieillesse ou de la décrépitude, pour que la même nature d'institutions politiques, je veux dire l'autocratie, leur soit également applicable. Cependant il reste assez de différences entre ces deux espèces de peuples, pour que le même nom ne puisse être donné à leur autocratie respective.

La monarchie absolue pendant l'enfance ou la jeunesse des peuples s'appelle légitimisme ; pendant leur vieillesse ou leur décrépitude, elle prend le nom de césarisme.

La seule différence considérable dont je veux parler, différence que je n'ai vu signaler nulle part, qui existe entre l'autocratie inévitable de l'origine et l'autocratie inévitable aussi du déclin des sociétés humaines, entre la monarchie légitime, en d'autres termes, et la monarchie césarienne ; c'est que la monarchie légitime, pour réaliser tout le bien qu'il est de sa nature et de son essence de produire, doit être le plus héréditaire possible, tandis que la monarchie césarienne, pour réaliser tout le bien qu'il est de sa nature et de son essence, aussi, de produire, doit être le moins héréditaire possible.

La raison de cette nécessité est bien facile à entendre au point de vue de nos idées.

La monarchie césarienne, en effet, étant la monarchie des temps de décadence, c'est-à-dire des temps de grande corruption sociale, le principe héréditaire sous cette monarchie, amènera inévitablement sur le trône (car il est encore plus facile de se corrompre sur le trône ou autour du trône que dans la condition privée) une foule de princes vicieux, méprisables, et absolument indignes de régner. Sur quatre ou cinq souverains, par exemple, qui se succéderont par droit d'hérédité, dans ces temps, il y en aura probablement toujours deux ou trois qui seront de détestables vauriens. Tandis que la monarchie légitime, au contraire, étant la monarchie des temps de l'enfance et de la jeunesse des peuples, c'est-à-dire des temps où les peuples ne sont pas corrompus, où ils ne sont qu'ignorants, le principe héréditaire, sous cette monarchie, n'offre pas le même grave inconvénient, la même éventualité malheureuse à craindre ; la raison rend donc suffisamment bien compte, ici, de la différence qui existe, sous le rapport que nous signalons, entre les deux espèces de gouvernement absolu dont il s'agit.

Mais si vous voulez une preuve *a posteriori*, c'est-à-dire par le témoignage des faits, de la vérité de ce que nous disons ici, une une preuve qui confirme pleinement les données que fournit le raisonnement, considérez ce qui s'est passé pendant les quatre ou cinq cents ans que dura le césarisme romain.

Il est certain que tous les grands et bons princes qui ont gouverné l'empire romain, que les Vespasien, les Nerva, les Trajan, les Antonin, les Marc-Aurèle, les Sévère, les Probus, sont arrivés au pouvoir par une autre voie que celle de l'hérédité. Ils y sont venus par le choix de l'armée, ou par celui du senat, ou encore par la grande et salutaire mesure de l'adoption qui est encore un choix ; tandis que tous les monstres qui ont régné à Rome, les Tibère, les Caligula, les Néron, les Domitien, les Commode, les Caracalla, les Gallien, étaient ou fils ou neveux ou parents d'empereur. Que l'on conclue donc avec nous que la monarchie césarienne, pour réaliser tout le bien qu'il est de sa nature et de son essence de produire, quand son heure est venue, doit être le moins héréditaire possible.

Ce que je dis ici, sans doute, ne fait pas le compte de beaucoup de personnes qui s'imaginant que la monarchie est encore possible, parmi nous, ne croient qu'à la monarchie traditionnelle et héréditaire, qu'à la monarchie légitime ; mais ces personnes reconnaitront tous les jours davantage que leur opinion est une erreur profonde. Les temps de la monarchie reviendront, assurément, selon notre système, lorsque notre décadence commencera, mais ce sera après que nous aurons vécu plusieurs siècles sous le régime de la république démocratique, comme les temps de la monarchie revinrent pour les Romains quand ils eurent passé plusieurs siècles sous le régime de la république aristocratique; comme les temps de la monarchie revinrent aussi pour les Athéniens quand ils eurent vécu plusieurs siècles sous le régime de la république démocratique.

La nouvelle monarchie athénienne s'appela, comme on sait, la monarchie macédonienne, et un peu après la monarchie des proconsuls romains.

Mais si la monarchie nous doit revenir logiquement vers la fin des temps, que les personnes dont nous parlons en soient bien convaincues, ce ne sera pas la monarchie traditionnelle et héréditaire, la monarchie légitime, car la vie des sociétés, non plus que celle des particuliers, ne finit point par l'enfance, ce sera une monarchie, au contraire, qui devra être aussi peu traditionnelle, et aussi peu héréditaire que possible, ce sera la monarchie césarienne.

Que si, par impossible, on parvient à rétablir la première, la légitime, l'édifice que l'on aura élevé, nous ne craignons pas de le prédire, aura la fragilité du verre, et sera emporté comme un château de cartes, au moindres souffle des complications politiques futures, car il est de toute impossibilité logique de faire durer ce qui existe en opposition formelle aux lois constantes et invariables, aux lois éternelles de la nature morale.

FIN.

Lille. Imp. Camille Robbe.